葡萄牙：
里斯本
波爾圖 辛特拉
科英布拉
艾芙拉

40

City Target

MOOK

葡萄牙：
里斯本
波爾圖 辛特拉
科英布拉
艾芙拉

40 ◎ City Target

ᴄᴏɴᴛᴇɴᴛs

行前大補帖：葡萄牙

前進里斯本
先看這裡

里斯本景點名人堂

【必嘗美食】Casa das Bifanas、Marisqueira Uma、Café Nicola、A Ginjinha、Retiro Dos Sentidos、巴西人咖啡館、Confeitaria Nacional

【必看重點】聖喬治城堡、太陽門廣場、歷史漫畫牆、聖文森教堂與修道院、小偷市集、法朵博物館、聖安東尼教堂、國立磁磚博物館、主教堂

【必嘗美食】法朵餐廳、Pastelaria Alfama Doce、Maruto Bar & Bistro

◎葡萄牙7大奇蹟小鎮◎1分鐘速玩艾芙拉◎坐上熱氣球俯瞰古城美景◎

生於貝雅的葡萄牙皇后

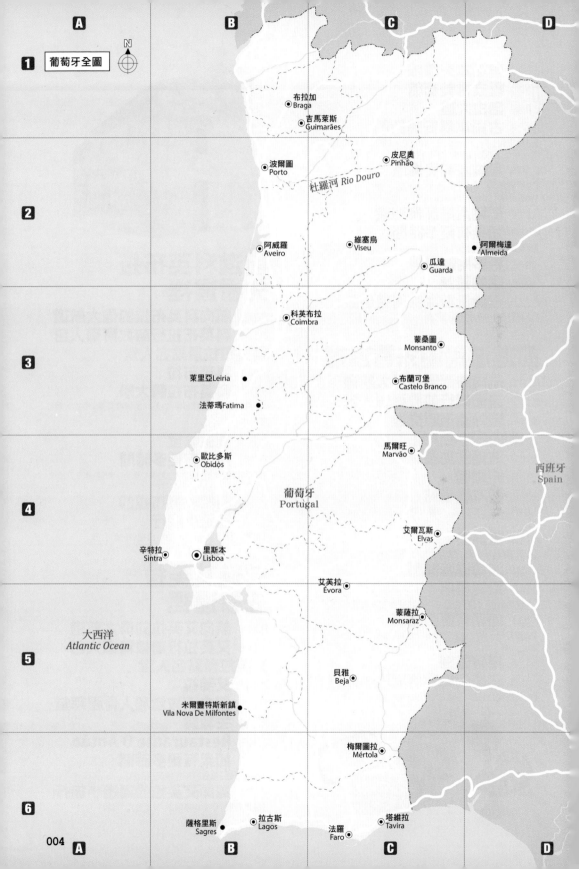

1 葡萄牙全圖

N

布拉加
Braga

吉馬萊斯
Guimarães

皮尼奧
Pinhão

2

波爾圖
Porto

杜羅河 Rio Douro

維塞烏
Viseu

阿爾梅達
Almeida

阿威羅
Aveiro

瓜達
Guarda

科英布拉
Coimbra

蒙桑圖
Monsanto

3

萊里亞Leiria

布蘭可堡
Castelo Branco

法蒂瑪Fatima

歐比多斯
Obidos

馬爾旺
Marvão

西班牙
Spain

葡萄牙
Portugal

4

艾爾瓦斯
Elvas

辛特拉
Sintra

里斯本
Lisboa

艾芙拉
Évora

大西洋
Atlantic Ocean

蒙薩拉
Monsaraz

5

貝雅
Beja

米爾豐特斯新鎮
Vila Nova De Milfontes

梅爾圖拉
Mértola

6

薩格里斯
Sagres

拉古斯
Lagos

法羅
Faro

塔維拉
Tavira

航向葡萄牙的偉大航道

辦理護照

什麼狀況下需要辦？

未持有護照。

護照效期不足6個月時。

哪裡辦？

首次申請普通護照者，需本人親自至領事事務局或外交部中、雲嘉南、南、東辦事處辦理。若實在無法親辦，也必須先親自到戶籍所在地之戶政事務所辦理「人別確認」，再備齊相關文件，委託交通部觀光局核准之綜合或甲種旅

行社代辦(一般加收約300元)。換發護照者不在此限。若想縮短在辦事處等待的時間，建議可先上網於「個人申辦護照 網路填表及預約系統」填寫簡式護照資料表及上傳數位照片。

外交部領事事務局

⌂台北市濟南路1段2-2號 (中央聯合辦公大樓北棟) 3~5樓

☎(02)2343-2888(總機)、 (02)2343-2807~8(護照查詢專線)

◷週一至週五08：30 ~17：00 ，週三延長至20:00(以下各區辦事處皆同)

🌐www.boca.gov.tw

外交部中部辦事處

⌂台中市南屯區黎明路2段503號1樓(行政院中部聯合服務中心廉明樓)

☎(04) 2251-0799

外交部雲嘉南辦事處

⌂嘉義市東區吳鳳北路184號2樓之1

☎(05) 225-1567

外交部南部辦事處

⌂高雄市苓雅區政南街6號3~4樓(行政院南部聯合服務中心)

☎(07) 715-6600

外交部東部辦事處

⌂花蓮縣花蓮市中山路371號6樓

☎(03) 833-1041

如何辦？

相關規定在外交部領事事務局網站有詳盡說明，以下僅作簡要介紹。

準備：

◎新式國民身分證正本(14歲以下需準備戶口名簿或3個月內戶籍謄本)。

◎護照專用白底彩色照片2張(6個月內近照)

◎簡式護照資料表

◎法定代理人新式國民身分證正本及監護權證明文件(未滿18歲需要)

◎陪同者新式國民身分證正本(未滿14歲需要、陪同者非法定代理人、限三親等；須附關係證明文件正本)

◎外文姓名拼音(可參考外交部領事事務局網站。換發新護照者，需沿用舊護照拼音)。

◎役男護照不再加蓋兵役管制章戳，但出境前應事先申請核准。

◎換發護照者，需準備舊護照。

要多久？

一般為10個工作天，遺失護照則須11個工作天。

多少錢？

護照規費為1300元(未滿14歲者，規費為900元)。辦理急件，提前9個工作天領取，加收900元。

效期

年滿14歲，10年；未滿14歲，5年。

簽證辦理

台灣遊客前往葡萄牙觀光無需辦理申根簽證，只要持有效護照即可出入申根公約國，6個月內最多可停留90天。摩納哥、梵蒂岡與聖馬利諾雖然並不屬於申根公約國，但接受國人以免申根簽證待遇入境。有效護照的定義為，預計離開申根區時最少還有3個月的效期。

儘管開放免簽證待遇，卻不代表遊客可無條件入境，入境申根國家所需查驗的相關文件包括：來回航班訂位紀錄或機票、英文或法文行程表、當地旅館訂房紀錄或當地親友邀請函、英文存款證明或其他足以證明自己能在當地維生的證明、公司名片或英文在職證明等等。另外，原本辦理申根簽證所需的旅遊醫療保險，雖同樣非入境時的必備證明，但最好同樣投保，多一重保障。

目前「歐盟旅行資訊及許可系統」(ETIAS)仍在建置中，預計2025年中開始，國人前往包含法國、義大利、西班牙、葡萄牙等歐洲30個國家和地區，需要事先上網申請ETIAS且獲得授權，手續費€7。ETIAS有效期限是3年，或持有護照到期為止。效期內只要持有效護照及ETIAS即可不限次數出入申根公約國，無需再辦理申根簽證，6個月內最多可停留90天。

歐盟ETIAS官網

🌐travel-europe.europa.eu/etias_en

旅遊諮詢與實用網站

駐葡萄牙台北經濟文化辦事處

📍Av. da Liberdade, 200, 4º Dto., 1250-147 Lisboa

📞(351)213-151-279

急難救助行動

📞(351)962-735-481 🌐www.roc-taiwan.org

其他實用網站

葡萄牙國家觀光局：www.visitportugal.com

里斯本旅遊局：www.visitlisboa.com

波爾圖和北部地區旅遊局：booking.visitportoandnorth.travel

葡萄牙中部旅遊局：www.centerofportugal.com

阿連特茹旅遊局：www.visitalentejo.pt

阿爾加維旅遊局：visitalgarve.pt

飛航資訊

目前從台灣出發並無直航班機飛往葡萄牙，都需要先飛到歐洲主要城市再轉機，最快的方式是選擇與台灣有直航的歐洲城市(例如：巴黎、倫敦、阿姆斯特丹、羅馬或法蘭克福)，之後再轉機前往里斯本、波爾圖等大城。

航空公司	訂位電話	網址
中華航空	(02)412-9000	www.china-airlines.com
長榮航空	(02)2501-1999	www.evaair.com
德國漢莎航空	(02)2325-8861	www.lufthansa.com
阿聯酋航空	(02)7745-0420	www.emirates.com
泰國航空	(02)2515-1888	www.thaiairways.com
英國航空	(02)8793-3300	www.britishairways.com
法國航空	(02)7752-7422	wwws.airfrance.com.tw
荷蘭航空	(02)7752-7424	www.klm.com.tw
卡達航空	(02)2507-1698	www.qatarairways.com
土耳其航空	(02)2718-0849	www.turkishairlines.com

葡萄牙行前教育懶人包

基本旅遊資訊

正式國名
葡萄牙共和國(República Portuguesa)

地理位置
歐洲最西端,西部和南部瀕臨大西洋,北部和東部與西班牙相鄰。此外,大西洋上的亞速爾群島(Açores)和馬德拉群島(Madeira)也屬於領土範圍。

面積 92,230平方公里

人口 約1,063萬9千人

首都 里斯本(Lisboa)

宗教 80.2%為天主教

種族 葡萄牙人

語言
官方語言為葡萄牙語,大部份人也都可使用英語和西班牙語交流。

電壓 葡萄牙電壓為220V,插頭為雙孔圓形。

時差
葡萄牙冬季比台灣慢8小時,夏令時間比台灣慢7小時(自3月之後的最後一個星期日,到9月最後一個星期六)。

貨幣及匯率
貨幣單位為歐元(€),匯率約為歐元:台幣＝1:35.4 (2024年10月)。

在台灣可直接兌換歐元,紙幣面值有€5、€10、€20、€50、€100、€200。大部分飯店與商店接受最常用的國際信用卡。另外,須注意一般商店和小型旅館不接受€200以上的現鈔,在換鈔時,應以兌換€50以下面額歐元為主。

網路
一般而言,葡萄牙的網路使用已相當方便,大多數的飯店、餐廳、車站裡,也多半提供免費無線上網,即使訊號顯示鎖碼,只要向櫃台詢問,

消費者通常就能夠獲得密碼,開始免費無線上網。葡萄牙舊城區都像迷宮一樣,如果能在機場或市區的通信行申辦可無線上網的4G或5G網卡,對旅途上的幫助相當大。無論里斯本或是波爾圖機場,都設有當地網路電信公司Vodafone的櫃台,申辦起來相當方便。

打電話
從台灣直撥葡萄牙:002+351+電話號碼。

從葡萄牙播打回台灣:00+886+城市區域碼(去0)+電話號碼。

郵政
葡萄牙郵局稱為CTT(Correio),營業時間是9:00~18:00,郵票可在有Correio或Selos招牌的雜貨店購買,有些販售明信片的小店也有。郵筒分為紅色的普通郵件和藍色快速郵件。

最佳旅行時刻

葡萄牙是歐洲氣溫最為溫暖的國家之一，雖然北中南地區的氣候存在明顯的差異，但絕大部分地區屬於地中海型氣候，冬季多雨日照短，約為4~6小時，夏季乾燥日照長，約為10~12小時。葡萄牙北部地區、中部地區和阿蓮特茹沿海部分，夏季氣溫較為溫和，而南部地區、內陸地區以及杜羅河流域，夏季則較為炎熱。7~8月是旅遊旺季，尤其南部的阿爾加維是歐洲著名的度假勝地，夏季時會湧入大批的遊客。最佳旅行時節是5~9月，不但氣候宜人，節日和活動也大多集中此時，處處都能感受到度假的歡樂氣氛。此外，這裡日夜溫差大，適合多層次的穿著，可隨身攜帶薄外套以應不時之需。

葡萄牙北部

屬於北大西洋季風氣候，因地勢和緯度較高，夏季涼爽、冬季雖然寒冷，特別是靠近西班牙的地區，但還是比歐洲其他地區溫和。波爾圖與沿海地區氣候較潮濕，秋季至隔年春季是雨季，天氣不太穩定，特別是2~3月和10~12月較多降雨。9月是北部山後地區葡萄收穫的季節，適合乘船遊杜羅河，在葡萄園中盡情漫步。

葡萄牙中部

屬於地中海型氣候，乾季長，葡萄牙境內最高的山脈，海拔1,993公尺的埃斯特雷拉山脈盤據此區，空氣清新，秋季進入雨季，氣候較不穩定。冬季靠近西班牙的區域是全國最冷的地方，但還是比歐洲其他地區溫和。沿海地區10月是觀浪的時機，如果在春末秋初(4~6月和9月)前往，則可避開夏季的高溫。

葡萄牙南部

佔國土面積1/3的阿蓮特茹，也是葡國面積最大的葡萄酒產區，地勢平坦，夏季內陸地區炎熱乾燥，沿海地區則受到海洋的影響，氣溫顯得較為溫和濕潤，一整年都適合旅遊，葡萄牙南部春天來得特別早，2月就有花開了，由於日夜溫差可能高達10度以上，最好攜帶薄外套。冬季雖然偶爾也下雨，但氣溫大約10度左右，依然舒適。

南部沿海

阿爾加維屬於熱帶地中海型氣候，全年氣候溫暖，陽光充沛，降雨量少，任何季節都適合前往

©Porto Convention & Visitors Bureaus

©Porto Convention & Visitors Bureaus

旅遊度假。夏季是旅遊旺季,沙灘上的遊客人數與房價都會增加,春季來得特別早,2月就可看到盛開的杏花與橘子花,春末秋初前往除了可避開旅遊人潮,海水仍舊溫暖,還可從是各種海上活動,冬季平均氣溫則約15度以上。

旅行前,最好要知道的事
自來水可以直接喝嗎?
自來水基本上可以生飲,但若是腸胃比較敏感的人,也可購買礦泉水。

要怎麼給小費?
雖然大部分飯店、酒吧已收取服務費,但習慣上還是會給一點小費。較正式的餐廳約為帳單金額的5~10%;一般餐廳給€0.5就可以了。在酒吧、咖啡廳,若只是喝杯咖啡或啤酒,不用給小費。飯店幫忙提行李的服務人員,或使用到客房服務(room service)時,則給€1。

購物可以退稅嗎?
只要不是歐盟國家的人民,在攜帶免稅品離境時,都可以享有退稅優惠。凡在有「Tax Free」標誌的地方(也可詢問店家)購物,且同家商店消費金額於葡萄牙超過€61.5以上,便可請商家開立退稅單

Did YOU KnoW

時間觀念大不同!

除了時差之外,葡萄牙的生活起居時間與在台灣時大不相同,這點會牽涉到銀行換錢、參觀景點、逛街購物和三餐等問題。

按葡萄牙人的習慣,三餐用餐時間都稍微晚些,早餐通常是在07:30~10:00喝杯咖啡和吃塊甜麵包;午餐大約12:00~14:30,晚餐大約19:30~22:30(餐廳19:00~20:00才會開門營業)。而一般的小酒館或是販賣蛋塔、烘培點心的小店,營業時間就比較彈性,可以隨時點些輕便的食物充飢,或者也可當成正餐。

一般的商業時間是09:00~19:00,百貨公司則是10:00至午夜,星期日部分店家不營業。而旅遊景點則大多週一公休,在做旅遊計劃之前,最好先查詢清楚。

據，退稅手續須在3個月內到海關辦妥手續。葡萄牙退稅率依商品類別有所不同，最多高達23%。購物時記得要向售貨員索取退稅單，這張單子應由售貨員幫你填寫。出關時，將所買商品交給海關檢查，完成檢查後海關會在退稅單上蓋印。接著可以在機場內的退稅公司（Global Blue、Premier Tax Free等）提交退稅單，可選擇直接退現金，但會被收取手續費，若退至信用卡則免收手續費。另外也可選擇郵寄方式將退稅單寄給退稅公司，選擇匯入指定的信用卡或銀行帳戶。

來去古堡或修道院住一晚

在葡萄牙，住宿的選擇特別多，尤其能以高貴不貴的價格入住百年的城堡、粉彩色的宮殿，或者是寧靜的修道院，有機會一定要體驗一下。

這些由歷史建築改建而成的Pousadas，類似西班牙國營飯店Paradores，將城堡、宮殿、莊園、修道院等建築整理後，變身為葡萄牙風格的古蹟旅館。Pousadas以前曾經是國營，現在則交由民營的Pestana集團管理，葡國境內共有30多家這樣的古蹟旅館。

🌐 www.pousadas.pt

葡萄牙菜單用語

Prato Principal	主菜
Prato do dia	當日推薦
Especialidade da casa	招牌菜
Entradas	開胃菜
Couvert	餐前小點
Dose	一份
Meia dose	半份
Polvo	章魚
Peixe	魚
Pernil no forno	烤豬腿
Espetada	烤肉
Amêijoas	蛤蜊
Bacalhau	醃鱈魚乾
Camarão/Camaroes	蝦
Carne	肉
Carne de porco	豬肉
Frango	雞肉
Frutos do mar	海鮮
Feijoada	豆子香腸燉菜
Cataplana	銅鍋海鮮燉菜
Arroz de marisco	貝類海鮮燉飯
Galão	拿鐵
Vinho tinto	紅葡萄酒
Vinho branco	白葡萄酒
Queijo	起士
Sobremesa	餐後甜點
Pão	麵包
A conta	帳單

葡萄牙交通攻略

鐵路系統

在葡萄牙搭乘火車，可直接在售票櫃檯購票，若計畫長時間旅行，或是多國、跨城市旅行，購買單國火車通行證或是多國火車通行證，是最經濟且方便的選擇，不僅一票到底，免去每站購票的麻煩，還可享有當地其他小火車、市區交通，甚至渡輪或遊覽行程的優惠。

葡萄牙國鐵CP

葡萄牙的鐵路系統由葡萄牙國家鐵路局(Comboios de Portugal，簡稱CP)，主要路線分布於葡萄牙西部以及聯絡南北方向的交通。大城市間有快車或特快車往來，小鎮則有區域火車到達，但很多小鎮的火車班次較少、中途停靠車站多，搭乘長途巴士更方便快速。

特急快車Alfa Pendular(AP)

連接北部的布拉加至南部的里斯本，途中停靠波爾圖和科英布拉。列車抵達里斯本後繼續往南至法羅。車上有免費Wifi，分為頭等艙(Conforto)和旅遊艙(Turística)。頭等艙有迎賓飲料、報紙、電源插座、可用於車上視聽娛樂的耳機，以及送餐到位等服務；旅遊艙提供耳機欣賞影片或是聆聽音樂。

城際快車Intercidades(IC)

往來主要城市間的快車，車上有免費Wifi和餐車，分為頭等艙和二等艙，頭等艙座位旁有插座。

區域火車Regional(IR/R)

以里斯本、波爾圖和科英布拉為中心出發的支線火車，幾乎每個站都停車。沒有分艙等，除了特殊觀光路線(例如杜羅河谷的蒸汽火車)以外，都不需事先訂位。

近郊火車Urbanos(U)

里斯本、波爾圖和科英布拉都會區的通勤火車。

票券種類

火車通行證

不管是只想在葡萄牙單一國度旅遊，或是順便

前往鄰國西班牙，最優惠且方便的方式就是擁有一張火車通行證。若是只在葡萄牙單一國度旅遊，可選擇「葡萄牙火車通行證Eurail Portugal Pass」，通行證可在有效期限內，無限次搭乘葡萄牙國鐵CP營運的路線，通行證不包含訂位費用，當搭乘城際快車Intercidades(IC)、特急快車Alfa Pendular(AP)等車種時，強制規定一定要先訂位，預約訂位需額外收費。此外，搭乘夜車時也需要補上差額，需特別注意。

◎如何買票

目前歐洲聯營火車通行證與單國國鐵火車通行證皆改為電子票，無論在國內外，皆可線上向有代理歐鐵票務的旅行社購買。在台灣是由飛達旅行社代理，可至其官網查詢相關資訊，或直接撥打專線電話聯絡。

飛達旅行社
☎(02) 8161-3456*2
○@gobytrain
🌐www.gobytrain.com.tw

◎如何使用通行證

目前火車通行證皆以電子票券的方式發行，持火車通行證搭乘歐鐵旅行，須在手機下載Eurail/Interrail Rail Planner APP，不但可以快速查詢班次、將行程收納列表，還可以利用APP直接訂位。而系統也會把行程中強制訂位的車次特別標色註記，這樣就不用擔心不知道哪班車需要訂位。

Eurail Rail Planner APP
🌐www.eurail.com/en/plan-your-trip/rail-planner-app

◎其他優惠

在火車通行證有效期限內，依各國提供之優惠不同，可享各式周邊優惠，例如：渡輪、機場接駁、市區交通、博物館折扣等。詳細優惠請上飛達旅遊官網查詢。

點對點火車票

如果只去一、兩個城市，或多為區域間短程移動，購買點對點火車票就已足夠。一般火車票均可在火車站或官方網站上購得，如果只是搭乘近郊鐵路或普通地方火車，由於不需訂位，可以直接在自動售票機或附設於火車站出入口的服務

櫃檯購買即可在葡萄牙使用點對點火車票，發車前5~60天可購買早鳥優惠票，最多可享有35折票價優惠，但熱門時段的車次優惠價隨購買時間而改變。特惠票不能退，但能補差價改班次或日期。

如何購買車票

國鐵網站

葡萄牙的國鐵網站都有英文介面，非常方便且實用，在規畫旅程前不妨先上國鐵官方網站查詢火車班次與票價，對於是否需要購買火車通用證或行程安排上都有非常大的幫助。進入英文網頁後輸入起、訖站及時間，便可查詢所有的班次及細節。選擇想要的班次之後，會自動出現可能有的優惠票價與選擇，若是需要訂位的車種，票價計算會包含訂位費用。需注意的是，使用葡萄牙國鐵的網站購票需要先註冊會員。

由於部分大城市擁有不只一個火車站，因此搭乘不同種類的火車可能會停靠不同火車站，如果想查詢停靠火車站，可點選火車班次，便會出現沿途停靠的火車站以及抵達目的地的火車站為何。

葡萄牙國鐵
🌐www.cp.pt

自動售票機

使用車站的自動售票機購票，可避免售票窗口大排長龍的時間。火車站的自動售票機大多為觸控式螢幕設計，可選擇英文操作介面。

票務櫃檯

葡萄牙火車站的售票口少，常常大排長龍，如果真的需要到櫃檯購票，建議多留一點時間。

訂位

無論使用國鐵官網或在櫃檯窗口，購買車票時都可同步訂位。即使持有火車通行證，訂位時還是得額外再付訂位費用，但可享歐聯特惠訂位價格，優惠位子有限，最好及早訂位。在葡萄牙所有AP和IC的班次都必須事先訂位，近郊火車和區域火車不需訂位。

搭乘火車注意事項

找對車站

在里斯本、波爾圖等大城市擁有不只一座火車站，前往不同的目的地，需從特定的車站出發；有時即使同一個目的地，高速列車和普通列車的出發站就不一樣，所以買票時要先確認清楚。

查看時刻表

不論是否需要當場購票，進到火車站裡，時刻表是你要找尋的主要目標。每座火車站的大廳內都設有電子時刻表，上面顯示即將進站和離站的列車班次，會秀出車種、離站時間以及目的地，最重要的是可以看到列車的進站月台號碼。

找到月台並確認列車及車廂

每座月台也都設有電子看板，上面顯示即將停靠列車的車號、發車時刻及目的地，進入月台後不妨再次確認。

在葡萄牙搭火車，往往會面臨一項困難：月台上並沒有標示出幾號車廂大約會停留在月台的哪個位置，就連部分列車車身上的車廂號碼標示也不是很清楚。建議搭火車還是提早一些到月台等待，有問題就近向站務人員請教，比較不會不小心錯過班車。

乘車

火車的車門並非自動開啟，如果車門關著，記得要按按鈕，車門才會打開。

查票及到站

除了大車站以外，火車月台大多無設置車票閘門，任何人都可隨意進出，但在列車上一定會遇到查票員，因此絕對不要抱持僥倖心態搭霸王車，被抓到的話要繳納高額罰款。若搭乘須訂位

火車，查票時要同時出示訂位車票或收據。

葡萄牙的火車誤點率較高，絕大部分火車車廂前方會有螢幕顯示即將到站的站名與時刻，稍加留心應該就不會坐過站，如果心裡有疑慮，可與周圍的人進行確認。

狀況多，搭火車一定要提早出門

在葡萄牙火車站常常會遇到熱心但搞不清楚狀況的站務人員，甚至不是每個售票口服務人員都清楚火車通行證的使用規則，遇到這種情形，一定要態度堅決的告知，歐鐵網站上有說明規則，請對方去詢問其他同仁。此外，也不見得閘門旁會有站務人員協助，所以在葡萄牙搭車真的要提早到車站，以避免各種臨時狀況。

葡萄牙鐵路關鍵字彙

中文	葡萄牙文
火車	Trem
車站	Estação
時刻表	Horário
售票處	Bilheteria
車票	Bilhete
車資	Fares
車廂	Carro
到達	Chegada
出發地	Partida
目的地	Destino
單程	Uma maneira
頭等艙	First Classe
二等艙	Segunda Classe
入口	Entrada
出口	Saida

長途巴士

長途巴士最大的優勢在於票價低廉，且幾乎遍及全國，在沒有鐵路到達或班次不多的區域，巴士有效彌補了城鎮和景點間的往來交通。葡萄牙的長途巴士班次密集、路線廣且車輛新穎，如果是中短程的移動，也不會比火車慢。

購票方式

車票可在里斯本Rodoviária巴士總站，或是巴士公司的官方網站上購買，一個巴士總站通常有好幾間巴士業者進駐，並擁有各自的售票窗口，購票時建議把起訖點和日期先寫在紙上，直接給

售票人員，必較不會出錯。中短程巴士大多是發車前1小時於巴士總站售票，最好在發車前30分鐘前抵達購票，如售票窗口已關閉，或在清晨與深夜搭乘巴士時，可直接向司機購票。長途巴士則可以預約購票，雖然巴士通常不會坐滿，但若是旅遊旺季或是熱門路線，建議還是提早購票。此外，週末和節日的班次會大幅減少。

葡萄牙主要巴士業者

若要前往大城市附近的小鎮，搭乘巴士比火車方便多了，不但班次密集，巴士總站通常離舊城中心和主要景點比較近，例如：歐比多斯、艾芙拉、阿寇巴薩修道院、巴塔哈修道院等。

大部份巴士總站都只有一個，進駐不同巴士公司，但里斯本根據不同路線，需要到不同巴士站搭車，購票前最好先詢問遊客中心。

Rede Expressos

規模最大、最主要的長途客運公司，路線幾乎遍及全國。

🌐 www.rede-expressos.pt

Rodonorte

主要營運北部地區的交通路線。

🌐 www.rodonorte.pt

Rodoviária do Tejo

主要負責中部地區範圍，短程及小鎮之間的地區交通。

🌐 www.rodotejo.pt

Eva Bus

主要負責阿爾加維地區中短程及小鎮之間的地區交通。

🌐 eva-bus.com

Rodoviária do Alentejo

主要營運阿蓮特茹地區的交通路線。

🌐 www.rodalentejo.pt

搭乘巴士的注意事項

葡萄牙的巴士時刻時常發生變化，尤其是邊遠的小鎮鎮與村莊，週末與節慶時，班次會更少，甚至取消，因此最好在巴士站售票窗口就先行確認，以免撲空。

巴士關鍵字彙

中文	葡萄牙文
站台	Linha
巴士號碼	Viatura
座位號碼	Lugar
費用	Preço
換乘/轉車	Mudança de Autocarro
營業日	Frequência
營運時間	Periodo
每日營運	Diariamente
週六停業	Excepto Sábados
平日（週一～週五）	Dias Úteis
僅週日營運	Aos Domingos
週日與節日停運	Excepto Domingos e Feriados

計程車

在車門或牌照處標示著A(Aluguer)的計程車，在各大城鎮中數量充足，價格合理，適合短程或攜帶大型行李時的移動。各個火車站前都可攔到計程車，若打電話叫車，則需支付額外約€0.8的費用。計程車收費起價約為€3.55，每公里加收約€0.8，行李費用會另額外加收。此外，在里斯本與波爾圖也有Uber叫車服務，若從機場往返市區，價格會稍微便宜一些。

租車自駕

葡萄牙大致上路況都算良好，除了靠近大城市的都會區域以外，交通順暢不雍塞，高速公路遍及各地，如果行程上要移動的地點多，自駕是讓行程比較有彈性的交通方式。此外，沿途風光明媚，一張張明信片中的風景在眼前輪番出現，開車就是一種至高無上的享受，特別推薦葡萄牙的杜羅河流域與南部地區。

如何租車？上網預約最放心

機場都有租車公司櫃檯進駐，雖然在機場租車會比在市區小型服務據點要來得貴，但租、還車都比較方便。

由於歐洲多為手排車，如果到了當地才臨櫃辦理，經常租不到自排車，建議先在網路上預約，

不但可以好整以暇地挑選車型，還能仔細閱讀價格計算方式及保險相關規定，租起來比較安心，也不需擔心語言溝通問題。

歐洲租車和買機票一樣，越早訂車越便宜，即使是同一車款，不同租車公司也會有不同優惠方案，所以貨比三家絕不吃虧。此外，葡萄牙是熱門的自駕國家，旅遊旺季常有訂不到車的狀況，事先上網預約才是王道。

大型租車公司多有提供甲租乙還的服務，但需另外加價，如果選擇當地租賃業者，可能就無法提供此服務。需注意的是，有些便宜的優惠方案，會限制每日行駛的里程數，超出里程需加收額外費用，如果知道自己的移動距離較遠，記得選擇不限里程的方案。

若擔心英文介面問題，Hertz租車網站有中文介面，可以透過他們，在台灣就先把手續搞定。

Hertz ☞ www.hertz.com.tw
Avis ☞ www.avis-taiwan.com
Europcar ☞ www.europcar.com
Budget ☞ www.budget.com

葡萄牙的道路

葡萄牙的道路狀況普遍良好，最好的是高速公路(Auto-estradas)，唯有在前往山城的路上，道路可能會越來越狹窄，考驗駕駛技術，駕駛小型車會比較方便。葡萄牙的道路縮寫與說明如下：

- A 收費公路
- E 通往歐洲國家的公路
- N 主要的雙車道國道
- IP 主幹道
- IC 次幹道

時速限制

葡萄牙的時速限制如下：

- 高速公路：120km/h
- 國道或快速道路：100km/h
- 一般道路：90km/h
- 市區道路：50km/h

取車所需證件

每家公司標準不太一樣，一般規定年滿21~25歲之間可租車。若事先已於網路上預約，需要準備以下證件臨櫃取車：

- 租車的預約確認單
- 國際駕照
- 台灣駕照(一年以上駕駛經歷)
- 網路預約時作為擔保之用的信用卡

保險

租車的保險都是以日計價，租得愈久，保費愈貴。第三責任險(Liability Insurance Supplement，簡稱LIS)是強制性，此外，比較需要考慮的有碰撞損毀免責險(CDW)、竊盜損失險(TP)、人身意外保險(PAI)、個人財產險(PEC)，可視個人國內保險的狀況決定是否加保。

雖然交通意外不常發生，但在人生地不熟的地方開車，A到刮傷時有所聞，因此強烈建議CDW一定要保。希望獲得全面保障的話，強烈建議直接投保全險(Full Protection)，也就是所有險種一次保齊。若是駕駛不只一位，一定要把所有駕駛都寫上，否則會影響到保險理賠。

需要特別注意的是，在葡萄牙，即使購買全險，若遇到擦撞或事故，依然需要付行政手續費€70。

注意事項

交通規則和台灣大同小異，葡萄牙是左駕，且道路標示清楚，只是市區中單行道很多，如果可以，建議在當地租用4G或5G行動上網，使用Google Map或其它導航系統，或者也可租用GPS並開啟導航模式，以下幾點須多加注意：

- 車燈需要全天候開啟。
- 務必禮讓行人和腳踏車。
- 圓環一律是逆時針方向單行，圓環內的車輛有優先行駛權，出圓環記得打方向燈。
- 路上少有測速照相，但偶爾有警察取締。

- 加油時禁止使用手機。
- 葡萄牙南部海灘是旅遊人潮最多的地方，也是小偷最多的地方，千萬不要把貴重物品留在無人看管的車上。

加油

加油站大多採自助式，可選擇直接使用信用卡付費，或是至加油站附設的便利商店內付費。

若是選擇商店付費，需要先進入商店預先購買指定的加油金額，或是先告知店員使用的油槍號碼，再回到車子旁自行拿油槍加油，可以用現金或信用卡付費。加油前請先確認汽柴油種類。

西班牙的油價比葡萄牙便宜，所以若自駕跨國旅行，建議在西班牙加滿油再離開。即使同一個國家，不同公司的油價也不一樣。

道路救援

道路上如果發生拋錨、爆胎、電瓶或汽油耗盡等狀況時，車鑰匙上通常會有道路救援的免付費電話號碼，而道路救援的費用則會在還車後顯示在信用卡簽單上。若是具有責任歸屬的交通事故，除了通知租車公司外，也必須報警處理，並在警察前來勘驗前，保留事故現場。

拋錨停在路肩時，別忘了在車後100公尺放置三角警示牌！

停車

停車場會有「P」的標誌，在入口自動按鈕取票，離開時至繳費處或是利用自動繳費機繳費。24小時營業的停車場，在夜間會另有不同的過夜費率計算。

市區停車要先確認該路段停車規定，路邊付費停車格都採用先繳費制，停車格附近一定能找

到售票機，通常最多可預付2小時停車費，投幣後會列印出有效時間的停車單，只要把停車單夾在擋風玻璃內側即可。每小時停車費依路段不同，若沒有照規定執行，可能需要繳納一倍以上罰金！一般來說，平日21:00以後、週六14:00以後到週一的收費時段開始前都是免費。

過路費

葡萄牙高速公路需要收費，目前都設有自動收費站，分為信用卡和電子收費，有些高速公路甚至僅限電子收費系統(Via Verde)，在高速公路的路口處會有標示綠色的「V」。已安裝電子收費感應器的車子，在通過高速公路收費站時，需要走內側綠線車道。一般來說，租車公司為了方便顧客，車上都已安裝電子收費感應器，租借費用1天約€2.18左右，總計過路費會在還車後由信用卡扣款，通常是下個月的帳單才會顯示，能省去許多麻煩。

若沒有加裝感應器，經過收費站後從第二天算起的五日內，可以到郵局(CTT)繳納過路費。

收費價格約每公里€0.10，因此由里斯本到波爾圖的道路費約€22左右。

🌐www.viaverde.pt

還車小提醒
還車時不一定有服務人員立即檢查確認，如果沒有現場人員，在租車公司的指定停車格停妥，並把鑰匙還給櫃檯人員或是丟進還車鑰匙箱即可。務必在還車前先把油加滿，因為沒有滿油的話，會被收取不足的油錢，而租車公司的油價絕對比石油公司高很多。

玩葡萄牙吃什麼？

葡萄牙緊鄰大西洋，擁有豐富的海產資源，來自海洋的鮮味自然佔據葡萄牙美食的大塊版圖，調味方式偏向地中海風味，與西班牙料理有一定程度的相似。幾乎所有菜色都會添加洋蔥和大蒜，也常常使用香菜，橄欖油和葡萄酒則是餐桌必備品。在搭配主食的澱粉類上，除了炸薯條以外，添加奶油及香料的米飯也是餐桌常客，相當符合國人的飲食習慣。

主菜
Prato Principal

葡萄牙海鮮飯

Arroz de Marisco

不同於西班牙的乾式海鮮飯，葡式海鮮飯比較像是「湯飯」，通常是小鐵鍋燉煮後就整鍋直接上桌，所以在餐廳點這道菜，也大多以兩人份為單位。鍋子內的海鮮用料澎湃，包含蝦子、蜆、螃蟹、蛤蠣、魚肉等，番茄基底的湯汁與大蒜、香菜、橄欖油的香氣充分融合，米飯不會煮到太爛，剛剛好吸飽海鮮湯汁，依然有粒粒分明的口感，連同蟹肉、魚肉一起入口，滿足度破表。

烤沙丁魚

Sardinha Assada

走一趟6月聖安東尼節時期的里斯本，會發現整個城市就像是個沙丁魚烤箱，瀰漫烤魚的味道。葡萄牙人愛沙丁魚的程度，從每間餐廳必定有這道菜可見端倪，料理方式簡單，沙丁魚抹上鹽後，以炭火小火慢烤，上桌再滴些橄欖油增加香氣，並搭配薯條、生菜和煎蛋。

阿連特茹
蛤蠣燉豬肉

Carne de Porco à Alentejana

阿連特茹地區的特色美食，可以説是「海陸全餐」，同時能嚐到豬肉和蛤蠣的滋味。豬肉選用伊比利半島最好的品種，豬仔在阿連特茹的山間奔跑、吃橡樹子長大，脂肪含量少，口感有彈性且香氣十足，切成小塊與新鮮蛤蠣一起燉煮，用橄欖、大蒜和香菜調味。

鱈魚炒炸薯絲蛋

Bacalhau à Brás

據說葡萄牙人有超過百種料理鱈魚的方式,除了餐桌上常見的香煎鱈魚、烤鱈魚、炸鱈魚球等,布拉斯式稱得上是葡萄牙國菜之一。這道菜將切碎的醃鱈魚、洋蔥、細細的馬鈴薯條和雞蛋一起拌炒,起鍋後再撒上黑橄欖和新鮮香菜。

烤乳豬

Leitão da Bairrada

這道中部地區的特色菜,光是呈盤上桌的剎那,就擄獲人心。百拉達烤乳豬(Leitão à Bairrada)需要選取一個月大、重量在6~8公斤的小豬,架在柴燒烤爐上慢慢翻轉烘烤,期間並不斷塗抹以豬油、大蒜、胡椒、月桂葉、猶太鹽(Kosher salt)等香料製成的醬料,是相當費工的料理。外皮烤得金黃油亮,咬下瞬間都能聽到爽脆的聲音,如同被油炸過一般酥香,卻沒有多餘油膩,豬肉經香料入味,多汁軟嫩,有小火慢燉過的口感,兩者在舌尖上合而為一,再搭配爽口飽滿的鮮橙,讓美味更上一層。

濕答答三明治

Francesinha

這是一道能反應波爾圖人豪爽個性的料理,厚片吐司之間夾著一層又一層往上疊的豬排、火腿、培根、漢堡排、香腸等,包裹在融化起司的懷抱中,最上層再打上一顆半熟蛋。但料理尚未完成,比蛋糕還厚的三明治最後還要浸泡在以番茄和啤酒為基底的醬汁中,所以雖然名稱上意思是法國人的三明治,卻被戲稱為「濕答答三明治」。雖然這是源自波爾圖的料理,但現在葡萄牙主要城市的餐廳都能吃得到。

葡萄牙傳統燉菜

Cozido à Portuguesa

被稱為燉菜之王,這是一道受葡萄牙人歡迎的傳統美食,通常在家庭聚餐時享用,分量十足,適合兩人以上享用,需在傳統餐廳才能找得到。傳統燉菜會將各種肉類、內臟如豬肚、豬耳、豬腳、香腸和蔬菜如甘藍菜、高麗菜、紅蘿蔔、馬鈴薯等一起烹調,不會浪費寶貴食材的任何一部分。

紅酒燉山羊肉

Chanfana à moda

葡萄牙中部地區的鄉土菜餚，尤其以科英布拉、中北部地區最為知名，說穿了其實就是山羊肉版本的紅酒燉牛肉，將葡萄酒、香料與小羊肉一起熬煮至其完全入味。

阿爾加維
銅鍋海鮮燉菜

Cataplana

　　南部沿海的阿爾加維地區盛產甲殼類、貝類食材，因此應用當地食材烹煮的銅鍋料理也是聞名全國的名菜之一，其中以加入新鮮蛤蠣、淡菜、海螺的銅鍋海鮮燉菜最受好評，可說是葡萄牙版本的西班牙海鮮飯。料理方式是將種類豐富的海鮮加上蔬菜熬煮，利用銅鍋加熱均勻的特性，保留海鮮的甜味與鮮味，有時會配上烤得酥脆且吸滿湯汁的大蒜麵包，是道讓人吮指回味，念念不忘的經典菜餚。

葡式烤章魚

Polvo à Lagareiro

葡萄牙料理料理章魚的方式也是一流，通常將章魚煮得較為軟嫩，與台灣喜歡彈牙的口感不同，Lagareiro是一種料理海鮮的方法，在烤好的章魚上淋上冷壓橄欖油，口感一樣美味。除了烤章魚外，章魚飯(Arroz de polvo)、章魚沙拉(Salada de Polvo)也是不錯的選擇。

燒烤黑豬肉

Grelhado misto de porco preto

　　以豬肉料理聞名的阿蓮特茹地區，最不能錯過的就是炭烤黑豬肉，油花分布均勻的伊比利黑豬肉，只要簡單地以炭火燒烤、撒上鹽巴，就是一道傳奇美味。

豬扒堡

Bifana

如果你以為葡萄牙的豬扒堡和在澳門吃到的一樣，就太小看它了！這一道葡萄牙人從早吃到晚，可當正餐也可作為點心的庶民美味，最能看出簡單中的深蘊。厚切豬排在大鍋中滷至軟嫩入味，切開外脆內軟的麵包，豪邁地夾上2~3片熱騰騰的豬排，香氣撲鼻，滷汁、肉香與吸飽醬汁的麵包簡直是天作之合，一口咬下，直令人大呼過癮。還有另一種豬扒堡使用炸豬排，但由於豬排大多不是現炸，相較之下遜色許多。

米蘭德拉香腸

Alheira de Mirandela

葡萄牙香腸的種類很多，而最有名的就是米蘭德拉地區生產的香腸。米蘭德拉香腸背後還有一段宗教迫害的歷史，曾經猶太被迫皈依天主教，他們為了保有自己的信仰，就把香腸中的填充物從豬肉改成雞、鴨、兔肉和小麥麵包的混合，讓天主教徒誤以為他們已改變信仰。這種香腸結合大蒜和辛辣橄欖油的獨特滋味，只使用天然鹹味的牛腸，內餡的小麥麵包粒在製作過程吸飽雞高湯，更添風味。

傳統的做法會將燒烤後的香腸放在特製陶器皿上，淋上烈酒並點火，火焰香腸上桌的戲劇效果十足。現在一般餐廳大多採用油煎的方式，搭配薯條和煎蛋。

血腸

Morcela

葡萄牙血腸、米血腸(morcela de arroz)是除了葡萄牙辣肉腸、香腸(chorizo、salpicao)之外一種常見的腸類。血腸內除了豬肉外，還會加入豬血、豬脂肪、紅酒和香料製成，每家血腸的味道都不盡相同。

炸鱈魚球

Bolinhos de Bacalhau

將醃鱈魚與馬鈴薯泥、香料混合的國民小吃,油炸得外表酥脆,裡面柔軟綿密,是到處都看得到的小吃,在餐廳通常被當作開胃菜,冷食熱食都可,可在各糕餅、熟食店、酒吧、咖啡廳、超市找得到,此外,另一種長條形的油炸鱈魚天婦羅(Isca de Bacalhau)也很值得一嚐。

蔬菜湯

Caldo Verde

蔬菜湯起源於葡萄牙北部,這道菜的主角是羽衣甘藍(couve-galega),再加上馬鈴薯、洋蔥、大蒜、橄欖油、和煙燻肉腸一起烹調,味道清爽,製作方式簡單,一下子就廣受全國歡迎,大大小小的餐廳都少不了它的身影。

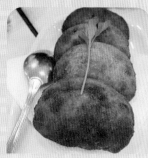

炸肉餃
炸蝦餃

Rissóis de Leitão
Rissóis de Camarão

Rissóis炸餃是葡萄牙常見的油炸類小吃,將各種餡料包入派皮內,再加以油炸,依餡料的不同而有不同的口味。炸豬肉餃餡料扎實多汁,而炸蝦餃內通常會放入濃稠蝦膠混合醬汁與一到兩隻小小的蝦仁,嘴饞的時候,隨時可買來充飢,各大糕餅、熟食店、加油站超市找得到。

葡式燉雞胗

Moelas

沒錯,葡萄牙人是處理內臟的高手。燉雞胗是道受歡迎的傳統家常菜(或下酒菜),在許多傳統小飯館內都找得到,將雞胗與加入橄欖油的洋蔥、蒜末、月桂葉拌炒,再加入葡萄酒後慢慢燉煮,通常會搭配麵包,讓麵包蘸上醬汁食用。

焗烤火腿麵包

Cachorrinho

來自波爾圖的特色小吃,將長麵包內放入香腸、起士,再淋上特製的辛辣醬汁,一起壓扁烤得酥脆,咬下去時外面嘎吱作響,裡面起士融化在香腸上十分美味,最後還帶有微辣的後勁,加上一杯冰鎮的啤酒,是與朋友共度午後的完美搭配。

葡式 國王蛋糕

Bolo Rei

擺滿繽紛顏色水果的聖誕節糕點，與其說是蛋糕，口感更偏向麵包，做成如王冠形狀的環形狀，上面再加上以酒浸泡的葡萄乾、堅果，從12月起到隔年1月期間到處都可以看到。

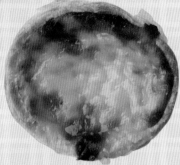

蛋塔

Pastéis de Nata

葡萄牙人嗜甜如命，每家咖啡館至少都提供30種以上的甜點，其中又以貝倫蛋塔出盡風頭。蛋塔秘方式來自傑羅尼摩斯修道院西妥會的修士，一位商人買下後在修道院旁邊開了間蛋塔店Pastéis de Belém，從1837年至今仍然穩居葡萄牙蛋塔的美味寶座，貝倫蛋塔體型較小，塔皮沒有澳門蛋塔的酥脆，稍微有咬勁卻更能品嚐到麵粉香氣，溫熱的內餡入口即化，濃濃的蛋黃與奶味在口腔內爆炸。品嚐過原味後，別忘了撒點店家提供的肉桂粉，會將你對甜點的認知提升到另一個層次！

葡式 柏林之球

Bolas de Berlim

雖然原始發源地是德國，但葡萄牙發明了自己的版本，在甜甜圈麵團內放入特製的蛋黃內餡，隨著內餡比例的不同，每家都有不同的風味，在葡萄牙非常受歡迎。

豆泥糕

Pastel de Feijão

以白扁豆泥所製作的傳統糕點，19世紀流傳至今，有點像稍甜的綠豆糕，目前也有新一代的甜點師推出改良配方，加上新的元素，如焦糖、奶油等，賦予傳統甜點新生命。

葡式米蛋糕

Bolo de Arroz

口感很像蛋糕，但又較為蓬鬆濕潤的米蛋糕，使用米磨成的米粉，加入雞蛋、奶油、牛奶與檸檬汁做成麵糊烘烤而成，樸實而美味，也是葡萄牙傳統甜點之一。

 桌上沒有「免費」的餐點！

在葡萄牙的餐廳點完菜後，服務生通常會主動送上麵包、橄欖、乳酪和橄欖油，有些餐廳還會主動送上一整盤小菜，包含炸鱈魚球、炸肉泥球、炸馬鈴薯等，或是涼拌章魚，這些小菜麵包都是要額外收費，所以如果不感興趣，記得請服務生收走喔！

玩葡萄牙買什麼？

不論是色彩鮮豔的磁磚、花公雞、特殊的軟木製品，或是魚罐頭和波特酒，葡萄牙好買的東西不少，而且都具有文化獨特性，只是紀念品大多全國流通，若打算從南玩到北，除非是特別的設計商品，否則等到達波爾圖再一次採購就可以，價格也比里斯本更划算。

花公雞

花磁磚

不管在葡萄牙哪個地區，都別想擺脫花公雞的身影，可說是葡萄牙吉祥物的唯一代表。花公雞的傳說來自北部巴塞羅小鎮，一位朝聖者經過鎮上時，被誤認為是小偷，需接受刑罰被吊死，他在臨刑前的晚餐喊冤，法官表示若盤中烤雞能站起來啼叫，就證明他的清白，結果奇蹟發生，烤雞真的復活，朝聖者也就無罪釋放。

花公雞的造型只有一種，但顏色鮮豔多變，除了大大小小的擺飾，也出現在明信片、瓷盤、圍裙等各種紀念品上。

磁磚王國的伴手禮，當然少不了各式各樣的磁磚，無論是典雅細緻的藍白磁磚，或是色彩繽紛的彩色花磚，總能挑到喜歡的樣式。磁磚圖案非常多樣化，單片仿古花紋、可拼貼成大片圖案的系列磁磚、伊斯蘭風格幾何圖紋、甚至里斯本的電車和沙丁魚也成了磁磚上的主角，手繪磁磚和創意手工磁磚大多價格不菲，大眾化商品的圖案由機器大量生產打印，售價當然親切許多。

以磁磚為主題的商品都具有實用價值，例如冰箱磁鐵、餐墊、茶杯墊等。

軟木商品

大部份人都不知道，葡萄牙是世界上最大軟木生產和出口國，酒瓶上的軟木塞大多來自於此。而葡萄牙人也的確善於活用軟木輕巧且防水的性質，發展出許多日用品或是時尚商品，又以里斯本、艾芙拉和歐比多斯這一帶最多軟木製品，包括文具、明信片、皮夾、包包、帽子、鞋子、雨傘等，用途廣泛，超乎想像。

橄欖油

如果少了橄欖油，葡萄牙的美食將會有所不同。事實上，葡菜料理中橄欖油幾乎無所不在，有些小量生產的優質橄欖油必須在特定店家才能買得到，帶瓶好油回去，可說是最健康的紀念品。葡萄牙的橄欖種植可追溯到羅馬時代，目前共有6個PDO保護原產地(Protected Designation of Origin)產區所生產的初榨橄欖油，每個產區特色都不盡相同，北部山後地區(Trás-os-Montes)的橄欖油有些果香與杏仁味，入喉微帶辛辣，後味苦澀等層次豐富，十分令人驚豔。

起士

葡萄牙有許多使用山羊、綿羊奶製成傳統起士，風味獨具。綿羊奶起士口感綿密，內層是柔軟順滑的流心質地，通常會使用湯匙舀出，再塗在麵包上。山羊奶起士的味道則較重些，還有一種山羊奶與綿羊奶製成，半硬質地的起士，通常這些起士都做為開胃菜或甜點，可搭配蜂蜜、果醬與麵包食用。

葡萄牙刺繡

葡萄牙手工藝特別精緻，傳統刺繡也小有名氣，然而真正的手工刺繡作品，價格非常昂貴，一般在紀念品商店看到的商品，從桌巾、圍裙、毛巾到手帕，雖然大部分都是機器所製作，但花樣繁多且具葡萄牙特色的圖案，仍讓人愛不釋手。

陶瓷餐具

和西班牙一樣，多樣化的陶瓷器也是葡萄牙的特色。除了有如藝術品般精緻的皇家御用瓷器Vista Alegre，每個大城小鎮也都有極具地方風情與民俗風味的陶瓷餐具，花草果樹常常是餐具上的主角，搭配鮮豔飽和的色彩，像是把葡萄牙的豐腴與陽光放上餐桌。

沙丁魚紀念品

除了罐頭,沙丁魚造型的商品也是具葡萄牙特色的紀念品之一,從陶瓷、餐具到各種尺寸的布娃娃、抱枕,讓人很難不心動。

醃鱈魚乾

葡萄牙國菜的主要食材-醃鱈魚乾(Bacalhau)是葡萄牙料理的主角之一,以它變化的料理食譜有上百種,熱愛料理的人,或許也可挑戰一下自己的廚藝,但打包時要注意特別密封,以免鹹魚味外洩。

魚罐頭

葡萄牙人熱愛沙丁魚,平日裡吃新鮮沙丁魚不夠,還要做成各式各樣的魚罐頭,將海洋滋味濃縮在小小的盒子中。論起魚罐頭文化的變化多端,沒人比得上葡萄牙,除了最受歡迎的沙丁魚和魚卵,還有鮭魚、鯖魚、鰻魚等,又從魚的部位、海域、捕獲季節、醃製時間長短等變項發展出不同品項,此外,依照不同調味方式,更細分為橄欖油漬、鹽漬、茄漬等。外包裝也絲毫不含糊,花花綠綠呈現各種風格,走進魚罐頭專賣店,一定會面臨選擇困難症候群。

櫻桃酒

稱為Ginja的櫻桃酒以歐比多斯地區的酸櫻桃加糖發酵釀酒,酒精濃度約20%,入喉溫潤,氣味香甜,甜度中等,一般作為開胃酒或餐後甜酒飲用。

除了直接飲用,另一種方式是使用一口份量的巧克力杯盛酒,喝完Ginja,再吃掉殘留美酒的巧克力杯,巧克力的苦甜和櫻桃酒的芳香在舌尖交融,那是令人滿足的天堂滋味。歐比多斯和里斯本有許多店家販售各種尺寸的櫻桃酒,也有包含巧克力杯的組合,只是要注意,旅行途中天氣太熱,巧克力杯有融化的可能。

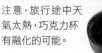

無花果乾

葡萄牙南部的阿爾加維盛產無花果,曬乾的無花果因為濃縮了糖分,所以帶有清香的甜味,通常壓成扁狀,像柿餅一樣,有些外面會裹著一層糖粉,有些則會夾上核桃,很適合當健康的零嘴。

喝　酒　不　開　車　，　開　車　不　喝　酒　。

波特酒

波特酒被譽為葡萄牙的國酒，因為這種微甜的紅葡萄酒需在波爾圖窖藏陳釀和銷售而得名。只有杜羅河上游葡萄產區生產釀造，並在波爾圖或加亞新城窖藏陳年，才有資格被冠上「波特酒」的名稱。

波特酒的來源要從英法戰爭說起，當時英國人抵制法國紅酒，開始探詢其他產酒區，從葡萄牙杜羅河流域進口紅酒，為了要在長途運送過程中維持酒的品質，嘗試在釀造的過程中加入蒸餾的葡萄烈酒，以期停止發酵，意外造就受歡迎的波特酒。

波特酒比一般葡萄酒的酒精濃度略高些，通常在19%~22%之間；也比較甜，適合作為餐前酒或飯後甜點酒；最適合的飲用溫度是18~19度。是非常受歡迎的伴手禮。

什麼叫「波特酒」

17世紀時隨著杜羅河區域的葡萄酒出口量增加，為了在長途運送過程中維持酒的品質，嘗試在釀造的過程中加入蒸餾的葡萄烈酒達到停止發酵的功用，因此保留了葡萄液中的糖分，讓波特酒呈現豐富的香氣、圓潤的甜味和濃郁的口感，意外地也更符合英國人的喜好。

波特酒皆由多種葡萄品種混釀，每家酒廠都有自己的比例和配方，大多使用種植於杜羅河谷的原生種葡萄，品種包含Tinta Roriz、Touriga Franca、Touriga Nacional、Tinta Barroca、和Tinto Cão。又依據瓶裝陳釀、木桶陳釀、以及年份等細分種類。常見的主要類別：

紅寶石波特 Ruby:
酒液有紅寶石的美麗光澤，屬於年輕的波特酒，在橡木桶中至少兩年，陳釀過程杜絕氧化，口感較輕盈滑順。這也是最平價的波特酒。

白波特 White:
選用白葡萄混釀而成，酒液呈現金黃色，為即飲而釀製，僅經過短時間的陳化，比起紅波特顯得較為稀少，口感清爽帶有熱帶水果與蜜桃的香氣。

晚裝瓶波特 LBV（Late-Bottled Vintage):
由特定年份的精選葡萄釀製，在橡木桶中熟成至少五年才裝瓶，產生出更多層次的風味，所以稱為晚裝瓶，高單寧與酸度，具有香料與可可的香氣。

茶色波特Tawny:
由多款年份波特混調，並長時間在橡木桶陳釀，呈現金黃色，有堅果風味，調和後需10年左右的時間熟成，也有20~40年以上的褐色波特。

粉紅波特 Rose:
與一般粉紅酒的製作方式相同，只擷取葡萄皮的少量顏色，使得酒液呈現粉紅色，屬於年輕的波特酒，帶有果香、肉桂與蜂蜜的風味，可做調酒使用。

年份波特Vintage:
又被稱為波特酒之王，選用葡萄品質最佳的年份，在釀製後的2~3年間裝瓶，並須經過IVDP認證合格，雖可直接銷售，但陳年10~40年飲用更佳。

喝 酒 不 開 車 ， 開 車 不 喝 酒 。

航向里斯本
的偉大航道

如何前往

飛機

里斯本國際機場(Aeroporto Humberto Delgado,機場代號LIS)是葡萄牙的主要出入門戶,距離市區僅約7公里。從台灣出發,沒有航班直飛里斯本或葡萄牙任一城市,必須至法蘭克福、蘇黎世、羅馬、馬德里或歐洲任一主要城市轉機。

里斯本國際機場Aeroporto de Lisboa
🌐www.lisbonairport.pt

火車

市中心範圍內共有5個主要火車站,跨國列車及往來葡萄牙北部的國內線火車都會停靠Santa Apolónia車站及Gare do Oriente車站。搭乘從西班牙馬德里Chamartín出發的夜車,車程約10小時15分。

・Santa Apolónia火車站:位於阿爾法瑪舊城區(Alfama),距離市中心較近,有地鐵連接市區各處,也是跨國列車及南北向城際列車的發車站,車站內設有投幣式寄物櫃。

・東方火車站(Gare do Oriente):里斯本的新門戶,有現代化建築外觀及國際高速列車停靠。

・羅西歐火車站(Rossio):位於自由大道與光復廣場附近,前往辛特拉(Sintra)的火車由此搭乘。

・Cais do Sodré火車站:位於特茹河河畔,主要為前往貝倫區(Belém)、濱海小鎮卡斯凱什(Cascais)方向的列車。

・Entrecampos火車站:位於城市北邊的商業區,前往里斯本東南方及艾芙拉(Évora)的火車由此出發。

葡萄牙國鐵(Comboios de Portugal,簡稱CP)
🌐www.cp.pt

長途巴士

巴士總站Terminal de Sete Rios位於市區的北邊，不管是連接西班牙馬德里、賽維亞的跨國巴士，或是波爾圖、科英布拉出發的長途巴士都會停靠於此。最接近的地鐵站為藍線的Jardim Zoológico站。

機場至市區交通

地鐵

前往市區最便捷的方式是搭乘地鐵紅線，約20分鐘車程即可進入市中心，並可轉乘其他地鐵線到達市區各處。地

鐵站入口位於入境大廳右側，可使用自動售票機或售票櫃檯購票，第一次購票需加上儲值卡navegante® occasional卡的費用，並選擇加值金額。若當天預計使用多次交通工具，如地鐵、電車、巴士以及聖加斯塔升降梯，則建議可直接購買24小時卡。24小時卡時間計算方式以打票的那一刻開始往後計算24小時。

⏰06:30~01:00

💲儲值卡€0.5、單程€1.8、24小時卡€6.8

🌐www.metrolisboa.pt

市區巴士

搭乘Carris經營的市區巴士744或783號都可前往市區，但市區巴士有行李大小限制，若行李箱大於50×40×20公分，只能搭乘機場接駁巴士。

⏰約06:00~00:00

💲同地鐵，上車購票單程€2.1

🌐www.carris.pt

計程車

入境大廳外有排班計程車，採用跳錶計費，起跳金額為€3.9，每公里€0.56，大型行李與夜間時段將額外收費，而由機場前往市中心價格視交通狀況和路程而異，含行李費用大約€12~18，建議事先確認司機按下計費錶，並於下車時索取收據，避免事後的車資爭議。此外，若預算有限，在里斯本也可選擇使用Uber手機app的叫車服務。

Cooptaxis

☎217-932-756

🌐cooptaxis.pt/en

Uber

🌐www.uber.com

租車

里斯本機場內可找到各家租車公司的櫃台，若事先於網上預訂，便可直接辦理租車手續並取車，相當方便。建議自駕遊時，應盡量避免開車進入里斯本市區，因為在地勢起伏，巷道狹小的市中心內開車並不容易，而且市區內單行道與電車車道繁複，並容易塞車。

Hertz

☎808-202-038　🌐www.hertz.com

Avis

☎800-201-002　🌐www.avis.com.pt

Europacar

☎219-407-790　🌐www.europcar.pt

里斯本行前教育懶人包

INFO
基本資訊

人口：約56.7萬人

面積：100.05平方公里

行程建議

里斯本的景點大多分佈在拜薩區和阿爾法瑪，雖然地形上上下下，是腿力大考驗，但景點集中，加快腳步一天就能逛完。只是打卡式的趕行程未免太辜負里斯本的迷人風情，用慵懶閒散的南歐步調，才能細細探訪巷弄之間的舊時氛圍。

第1天可以跟隨散步路線走訪市中心，最後再搭乘電車28號上山，參觀聖喬治城堡並等待夕陽；隔日把一整天留給貝倫區，傑羅尼摩斯修道院、貝倫塔、發現者紀念碑都值得細細品味，當然別忘了葡萄牙的蛋塔始祖店。

市區精華散策

認識里斯本最好的起點是羅西歐廣場，廣場上鋪滿葡萄牙特色的波浪紋黑白地磚，周圍被露天咖啡館、餐廳與紀念品店圍繞，這裏永遠是城市最熱鬧的心臟。廣場的西北角銜接光復廣場，搭乘一段百年歷史的Gloria纜車爬到山丘上，是相當有趣的體驗，而聖佩德羅觀景台就在纜車終點，從雙層花園景觀台可以眺望拜薩區延伸到特茹河的景觀。

離開觀景台後，你可以選擇順著道路下坡，穿越阿爾圖區到達有廢墟美感的卡爾摩考古博物館，或是原路折返羅西歐廣場，前往聖加斯塔電梯，電梯的上層出口正好與考古博物館相鄰，電梯頂端的觀景台，能夠近距離欣賞羅西歐廣場和對面山丘的聖喬治城堡。

河畔訪舊之旅

朝著特茹河的方向，就能看到壯麗雄偉的奧古斯塔拱門和商業廣場。接著朝另一邊山丘前進，一路上28號經典老電車穿梭身邊而過，沒多久主教堂和聖安東尼教堂就在眼前，而主教堂後方的阿爾法瑪舊城區曲折蜿蜒，最能感受里斯本的老城氣息。行程最後來到河邊的法朵博物館，若正好是晚餐時間，在阿爾法瑪選一間餐廳，聆聽現場版的葡萄牙靈魂之歌，是最完美的句點。

優惠票券

里斯本卡Lisboa Card

持有里斯本卡可於效期內無限搭乘市區大眾交通工具，包含地鐵、巴士、電車、纜車以及往返辛特拉和卡斯凱什的火車票，免費參觀51處博物館及景點，並享有部分景點門票折扣及觀光行程優惠。線上購買後可至Ask Me Lisboa遊客中心兌換里斯本卡，第一次刷卡使用即正式開卡。

要怎麼買票？

於遊客服務中心或旅遊局官網上購買。

Ⓢ24小時卡全票€27、優待票€18；48小時卡全票€44、優待票€24.5；72小時卡全票€54、優待票€30.5

🕸www.visitlisboa.com/en/p/lisboa-card

觀光行程

步行導覽Walking Tours

想要深度了解城市歷史、舊城區不為人知的小故事、或是當地人喜愛的餐廳美食，不妨參加里斯本的步行導覽。貝倫、阿爾法瑪和阿爾圖區都有導覽行程，全程以英語解説，最好事先上網報名，並在出發時間在集合點找到穿著制服背心的

導覽員就可參加。若選擇免費的導覽，行程結束後，可依滿意程度給予小費。

🌐 www.neweuropetours.eu/lisbon-walking-tours

SANDEMANs NEW Europe

📍 賈梅士廣場(Praça Luís de Camões)

🕐 11:00、14:00，行程約2~3小時

💲 小費制，無基本費用；亦有付費行程

🌐 www.neweuropetours.eu

Lisbon Chill Out

📍 賈梅士廣場(Praça Luís de Camões)

🕐 10/1~3/31每日10:00、15:00；4/1~9/30每日10:00、16:30，行程約3小時

💲 小費制，無基本費用；亦有付費行程

🌐 lisbon-chillout-freetour.com

觀光巴士City Sightseeing Portugal

露天觀光巴士有三種路線，紅線繞行新市區、阿爾圖區後前往貝倫區；藍線則繞行阿爾法瑪外圍，並前往里斯本東邊的Gare do Oriente火車站等新興區域；綠線則主要繞行阿爾圖區與阿爾法瑪。提供包含中文在內的13種語言語音導覽，每30~40分鐘一班次，24小時內可無限次上下巴士，若中途不下車參觀任何景點，全程約105分鐘。

📍 起點為彭巴爾侯爵廣場(Praça Marquês)

🕐 紅線09:30~18:00、藍線與綠線10:00~18:00

💲 全票€32、優待票€16

🌐 city-sightseeing.com/en/80/lisbon

一日遊One Day Tours

由里斯本出發，有各式各樣的一日團體遊行程，其中最熱門的，莫過於前往近郊辛特拉、羅卡角的一日遊行程，由當地人示範獨特的「山路駕車守則」，品嘗道地美食，並前往開車才能抵達的海灘秘密景點。

Keep It Local Tours

📞 914-918-197

💲 辛特拉一日遊€45起(午餐與門票自費)

🕐 每日08:30或09:00出發，行程約8小時

🌐 keepitlocaltours.com

We Hate Tourism Tours

☎914-604-899

💲X-day Trip里斯本近郊€84.5起

🕐每日8:00起，行程約7小時

🌐www.wehatetourismtours.com

里斯本的治安

葡萄牙基本上算是治安良好，相對安全的國家。然而由於近年來旅遊業發達，在大城市中也常出現一些犯罪事件。最常見的就是扒手出沒的地鐵站、人滿為患的蛋塔店，還有由機場前往市區幾個主要的轉接站。搭乘電扶梯、擁擠的電梯時，務必小心身上與口袋的財物。在餐廳或咖啡廳內，包包與重要物品最好貼身攜帶，切忌掛在椅背或隨意放在椅子旁邊。若遇財務損失，可前往專門處理遊客事宜的警察局Tourist Police (PSP)報案。

警察局Lisbon Tourist Police Station

📍Praça dos Restauradores 22

☎218-804-030

🌐www.psp.pt

旅遊諮詢

　里斯本市中心設有5處遊客服務中心(Ask Me)，機場及貝倫區也設有詢問處，除了12/25、1/1以外，大多為每日開放。

☎210-312-810

🌐www.visitlisboa.com

從電影看里斯本！

還沒到里斯本前，可以先看一些相關電影，讓你對這個迷人城市先有個初步的認識；可看到里斯本場景的電影包括：

1. 《里斯本的故事》
2. 《里斯本夜車》
3. 《里斯本記憶迷宮》
4. 《里斯本的秘密》

里斯本市區交通

里斯本大部分的景點都集中在市中心拜薩區(Baixa)及阿爾法瑪(Alfama)，步行是遊覽最好的方式，但若要前往較遠的貝倫區、國立瓷磚博物館或國立古美術館，還是有機會使用大眾運輸工具。

里斯本的大眾運輸包含地鐵、電車、巴士、纜車，旅客比較常利用的是電車和地鐵，纜車則是節省爬坡力氣的好幫手。

優惠票券
navegante® occasional卡

搭乘大眾運輸最方便的方法是使用navegante®

occasional卡，這是一種可重複加值的IC卡，不但可搭乘四種市區的交通工具，也可搭乘渡輪和通勤火車。

navegante® occasional卡可於地鐵站的自動售票機或是人工售票櫃檯購買，購卡可同時儲值，第一次購票的空卡費用為€0.5，使用售票機加值，每次最低金額為€3，最高金額為€40。你可以選擇使用navegante® occasional卡購買單程車票(Carris/ Metro)，1小時內可使用公車、電車、地鐵，

或者選擇儲值(Zapping)的方式，儲值後按次扣款，抑或方便的24小時卡。值得注意的是，同一張卡，這3種方式不能同時混用，必須等前一種額度使用完畢，才能選擇另一種。不管購買24小時卡或是單程車票，均須額外加上空卡費用，卡片有效期限為一年。使用時，進出地鐵站皆需刷卡，巴士和電車則於上車時感應刷卡即可。

💲單程€1.8、電車上車購票€3.1（巴士上車購票€2.1），**Zapping儲值扣款€1.61，地鐵＋巴士24小時卡€6.8，地鐵＋巴士＋通勤火車24小時卡€10.8**

🌐www.metrolisboa.pt

地鐵Metropolitano

里斯本的地鐵站以紅底白色M字表示，共有4條路線，以4種顏色符號呼應這個航海國家，分別是藍線海鷗、黃線菊花、綠線船帆與紅線羅盤。進出地鐵站時，不妨多留心各站風格，里斯本政府1980年代開始著手改建，邀請許多本土和國際藝術家為地鐵站量身定做不同的主題，讓地鐵站成為城市的地下藝術展演場。

🕐06:30~1:00

電車Elétricos

里斯本的電車公司創立於1872年，是葡萄牙最早經營公共交通運輸的公司，目前則由巴士公司Carris負責營運。大部份的電車路線已停駛，目前只保留5條有軌電車路線，雖然現在也有新穎亮

麗的雙節電車，但單節木質車廂的老電車才是里斯本最經典的招牌風景。亮黃色的28號電車穿梭阿爾圖區(Bairro Alto)、拜薩區及阿爾法瑪舊城，幾乎連結所有主要景點，是觀光客的最愛；電車15號則是前往拜倫區的最佳方式。

🕐約06:00~23:00，根據每條路線而異，週末班次較少

巴士Autocarro/Carris

市區巴士由Carris營運，巴士站牌都會有時刻表及沿途停靠站，車上有電子看板顯示下一個停靠站，所以不用怕坐過站。深夜巴士共有7條路線。

🕐05:30~00:30，深夜另有夜間巴士，週末班次較少

纜車Ascensor

在里斯本陡峭的山坡上上下下，需要好腳力，搭乘纜車爬山則是省力又特別的體驗。市區共有3條19世紀留下的纜車路線，也是由Carris經營，路線大約都只有200~300公尺，Gloria纜車連接光復廣場(Praça Restauradores)和阿爾圖區的聖佩德羅觀景台(Miradouro de São Pedro de Alcântara)；Bica纜車往來São Paulo街和Calhariz廣場；Lavra纜車則在自由大道的東邊，連接Anunciada廣場和Câmara Pestana街。

🕐**Gloria纜車07:15~23:55、Bica纜車07:00~21:00、Lavra纜車07:00~20:30，週日均約09:00開始營運**

💲上車來回€4.1、**navegante®** occasional卡儲值單程€1.8

里斯本地鐵

Odivelas

Amadora

Sintra ↓

Cascais ↓

Reboleira ♿
Amadora Este ♿
Alfornelos ♿
Pontinha ♿
Benfica

Azul (Blue Line)

Carnide
Colégio Militar/Luz ♿
Alto dos Moinhos
Laranjeiras
Jardim Zoológico
Praça de Espanha ♿
S. Sebastião
Campolide

Odivelas ♿
Senhor Roubado ♿
Ameixoeira ♿
Lumiar ♿
Quinta das Conchas ♿
Campo Grande ♿
Telheiras

Amarela (Yellow Line)

Cidade Universitária ♿
Entre Campos ♿
Campo Pequeno
Saldanha ♿
Picoas
Marquês de Pombal ♿
Parque
Rato ♿

Verde (Green Line)

Moscavide
Encarnação
Aeroporto
Oriente ♿
Alvalade ♿
Roma ♿
Roma/Areeiro ♿
Areeiro ♿
Olaias ♿
Alameda ♿
Sete Rios ♿

Vermelha (Red Line)

Cabo Ruivo ♿
Olivais ♿
Chelas ♿
Bela Vista ♿
Chelas ♿
Marvila ♿
Braço de Prata ♿

Arroios ♿
Anjos ♿
Intendente
Martim Moniz ♿
Rossio ♿
Baixa-Chiado ♿
Terreiro do Paço ♿
Santa Apolónia ♿

Restauradores Rossio ♿
Avenida
Cais do Sodré ♿
Santos
Alcântara-Terra
Alcântara-Mar
Belém

Montijo
Barreiro
Seixal
Cacilhas
Setúbal / Faro →
Porto Brandão
Trafaria

地鐵藍線
地鐵黃線
地鐵綠線
地鐵紅線
鐵路線
港口航線
人行道
飛機場
計程巴士
港口
火車
乘客服務
無障礙設施
失物招領

035

28號電車的浪漫懷舊

　　鮮黃可愛的單節電車緩緩行駛，在里斯本起伏的山丘間爬上爬下，在阿爾法瑪區的小巷弄間穿梭，傳統的古典木製車廂早已超越交通工具的角色，而是帶領旅人回到過去的浪漫領航者。

　　里斯本有幾條復古電車路線，分別是前往貝倫區的15號、環繞阿爾法瑪區的12號，以及連接兩個舊城區(阿爾圖區與阿爾法瑪區)的28號。其中，以28號電車最受歡迎，幾乎可以走遍里斯本主要觀光景點，包括埃斯特雷拉教堂、西亞多區、商業廣場、主教堂、太陽門廣場、恩寵觀景台，以及附近的聖喬治城堡等。全程約40分鐘，最適合當作認識里斯本的起點。

　　舊城區道路狹窄，很多地方甚至僅比一輛車身寬些，常常可以看到電車被左右房舍緊緊包夾的有趣畫面，乘客只要稍微伸手就能觸碰到民宅的牆壁，若是遇到路旁有人亂停車，就會讓交通大打結。有時後，會看到有人踩在車尾或後門的踏板上，身體懸掛在車箱外的有趣畫面，這種屬於里斯本人的「搭便車」方式，電車司機早就處變不驚，見怪不怪！

蛤～～電車原來是用馬車拉的？！
被喻為歐洲最老電車系統之一的里斯本電車，從1873年開始大力發展，全盛時期達到27條路線。不過，最早由美國引進的「電車」，其實是由馬車拉著在固定鋼軌上跑的車廂，一直到1901年才使用真正電能行駛車廂喔。不過時至今日，傳統電車逐漸沒落，至今也只剩下6條。

熱門的28號電車總是擠滿觀光客，若想要有座位，建議從阿爾圖區的賈梅士廣場(Largo Camões)或最西邊的埃斯特雷拉教堂(Basílica da Estrela)上車。此外，盡量選擇非尖峰時段搭乘，比如清晨或傍晚時刻，更能避開人潮。值得注意的是，擁擠的28號電車有時也成為扒手活動的最佳場所，因此搭乘時請留意隨身財物，最好將背包抱在身前。

重要電車站

❶埃斯特雷拉Estrela

你可以選擇由最西邊的埃斯特雷拉教堂(Basílica da Estrela)為起點，由教堂對面埃斯特雷拉(Estrela)站上車。電

車將一路東行，進入位於高地的上城區-阿爾圖區(Bairro Alto)。一路行駛於上上下下的急坡，來到西亞多區。

❷西亞多Chiado

西亞多區可説是通往上城區的入口，附近有熱鬧的賈梅士廣場(Largo Camões)，這裡除了是許多徒步之旅的

集合點，周遭還有最時尚的精品名店、咖啡廳、蛋塔點心小店，附近的巷弄內更有數不清的法朵餐廳與酒吧，人聲鼎沸直到深夜。

❸孔瑟桑街Rua da Conceição

電車由西亞多區進入舊城拜薩區(Baixa)，來到了市中心：交通繁忙的孔瑟桑街。孔瑟桑街的一側是知名的羅西歐廣場，另一側則是靠近特茹河口的商業廣場和奧古斯塔拱門(Arco da Rua Augusta)，廣場附近商店與餐館林立。

❹主教堂Sé

離開拜薩區市中心後，電車接著繼續爬坡，在上坡路段會經過左側的聖安東尼教堂Igreja de Santo António，以及右側的主教堂，在這裡會看到無數遊客舉起相機與手機，為的是捕捉老電車與大教堂組成的經典畫面。

❺太陽門廣場Largo Portas do Sol

由主教堂往上繼續爬坡，就到了太陽門廣場，廣場中央佇立著里斯本的守護神「聖文森」的白色雕像與散落四周的咖啡座，旁邊則附有觀景台，可將舊城區阿爾法瑪與遠方的特茹河景緻一覽無遺。

❻恩寵觀景台Miradouro da Graça

由太陽門廣場繼續前行，會經過聖文森教堂(Basílica de San Vicente)，接著在恩寵站(Graça)停靠，從這裡可步行至有著松樹環繞的恩寵觀景台，欣賞阿爾法瑪的風景。有些電車的終點站於此，有些也可繼續搭乘至貨行唐人街(Martim Moniz)。

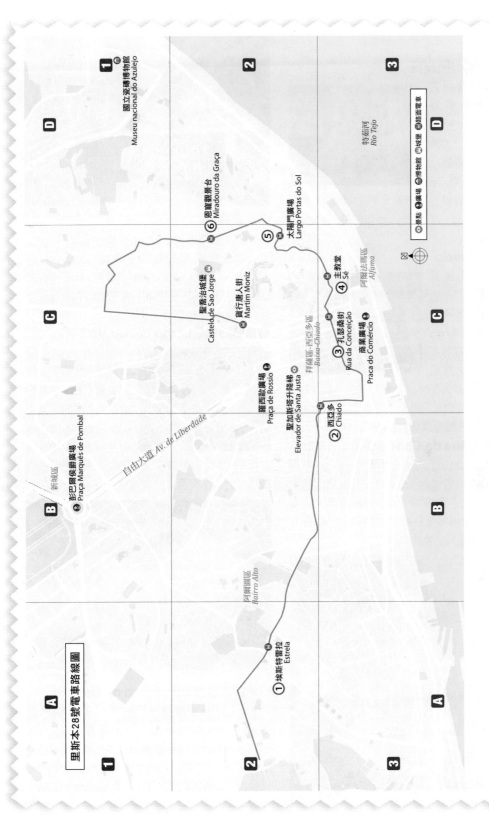

里斯本28號電車路線圖

國立瓷磚博物館
Museu nacional do Azulejo

恩寵觀景台 ⑥ Miradouro da Graça

聖喬治城堡 Castelo de São Jorge

貨行窮人街 Martim Moniz

大陽門廣場 ⑤ Largo Portas do Sol

主教堂 ④ Sé

阿爾法瑪區 Alfama

孔惡愛街 ③ Rua da Conceição

商業廣場 Praça do Comércio

拜薩區·西亞多區 Baixo-Chiado

羅西歐廣場 Praça de Rossio

聖加斯塔升降梯 Elevador de Santa Justa

西亞多 ② Chiado

自由大道 Av. de Liberdade

彭巴爾侯爵廣場 Praça Marquês de Pombal

新城區

阿爾圖區 Bairro Alto

埃斯特雷拉 ① Estrela

特茹河 Rio Tejo

景點　廣場　博物館　城堡　路面電車

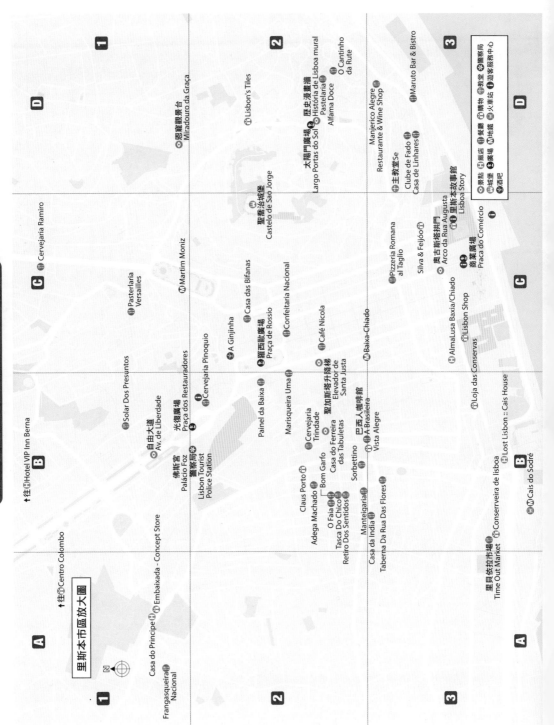

食玩皆宜、物價親切、居民熱情…玩里斯本不需理由！

里斯本
Lisboa

里斯本

里斯本位於廣闊的特茹河(Tejo)出海口，過去20多年來藉由歐盟所提供的金錢援助，里斯本擺脫沈重的歷史和不景氣，這個似乎被歐洲遺忘百年的城市，又重新回到舞台——摩爾人在山丘上留下堡壘，雕刻家把海洋刻進修道院迴廊，白底藍紋磁磚拼貼歷史與故事，蜿蜒石板路的盡頭通往那片亮燦燦藍光，百年電車承載著里斯本的印象，穿越時間，也穿越里斯本人的生活日常。

要問為什麼選擇里斯本，陽光普照、氣候宜人、物價親切、食物美味、居民熱情，還需要更多理由嗎！

里斯本的心臟，掌握城市脈動的觀光中心！

王牌景點 ❶

里斯本：羅西歐廣場與聖加斯塔升降梯

◎地鐵綠線至Rossio站下或地鐵藍線至Restaura-dores站下

聖加斯塔升降梯
🚶從羅西歐廣場步行約3分鐘
🏠Rua do Ouro
🕐5~10月07:30~23:00、11~4月07:30~21:50
💰兩趟電梯＋觀景台€6
Casa do Ferreira das Tabuletas
🏠R. Trindade 32

至少預留時間
漫遊廣場與搭電梯上山
2小時
步行上山賞景
3小時

充滿葡萄牙特色的波浪紋黑白地磚與巴洛克式噴水池，將廣場北側希臘神殿式立面的多娜瑪莉亞二世國家劇院(Teatro Nacional Dona Maria II)襯托得雍容大器。

 MAP P.39 D2 **羅西歐廣場與聖加斯塔升降梯**
Praça do Rossio & Elevador de Santa Justa

羅西歐廣場猶如里斯本的心臟，從前是舉辦鬥牛或嘉年華會的地方，現在是觀光客聚集的中心。由此向北是自由大道和新城商業區，往南為拜薩區的起點，奧古斯塔街(Augusta)筆直通往商業廣場和奧古斯塔拱門(Arco da Rua Augusta)，東西兩側山丘各是歷史區域阿爾法瑪及阿爾圖。

造訪理由

① 里斯本人最真實的生活核心

② 登高俯瞰里斯本繁華的中心區

③ 風景優美舒暢身心

佩德羅四世雕像高高佇立於廣場中央紀念碑上，四周圍繞著18～19世紀建築，一整排速食店、餐廳和咖啡座從白天到深夜，總是人潮絡繹不絕。

佩德羅四世&佩德羅一世原來是同一個人啦！

年幼時因拿破崙軍隊攻陷葡萄牙，故隨王室家人出逃巴西殖民地的佩德羅四世，成長時期都於巴西度過，後來父親葡萄牙國王若昂六世，於1821年帶領王室成員與大臣們重回里斯本，唯有身為王儲的他，被留在里約熱內盧繼續統治當地，而後葡萄牙的第一屆立憲議會，企圖取消若昂六世於巴西執政時授給巴西的各種特權，並催促王儲盡速返回里斯本，當時身在巴西的佩德羅四世不但拒絕議會的要求，甚至在巴西獨立派的支持下毅然拔劍起義，於1822年正式宣布巴西獨立，並自封為「巴西皇帝佩德羅一世」，後來他雖然在反專制主義的起義中被逼退位，但其一生與巴西密不可分，甚至死後遺體也由葡萄牙移交給巴西政府，安葬於這個他曾奮戰保護的地方。

怎麼玩羅西歐廣場與聖加斯塔升降梯才聰明？

搭電梯請趁早

聖加斯塔電梯觀景台是相當受歡迎的景點，旺季往往要排隊半小時以上，建議大清早前來，可以避開擁擠的排隊人潮。

省錢加健身

若不想等待電梯，也可步行上山，直接付門票費用登上觀景台。空橋入口由卡爾摩教堂左側巷弄進入。

🔊 使用里斯本卡或navegante® occasional 24小時卡可免費搭乘！

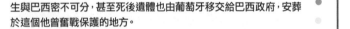

擁有雙馬蹄形門扉，裝飾精緻雕花鑄鐵的羅西歐火車站位於廣場西北側。

與羅西歐廣場相鄰的無花果廣場(Praça da Figueira)原本是里斯本最大的露天市集，廣場旁的Rua da Prata被規劃為行人徒步街，是購物血拼的好地方。

里斯本：羅西歐廣場與聖加斯塔升降梯

聖加斯塔升降梯啟用於1902年，由法國建築師Raoul Mesnier du Ponsard所設計，高45公尺的觀景台由雕飾華麗的鏤空鍛鐵架所支撐，乍看之下與周圍古典優雅的建築及卡爾摩教堂(Convento do Carmo)的石牆格格不入，不過今卻成為拜薩區的重要地標。

搭乘極富歷史韻味的木造電梯上升至平台，平台另一端透過25公尺的空橋連接阿爾圖區的卡孟廣場(Largo do Carmo)，中央兩側則有螺旋梯通往頂端觀景台。

Did yOu KnoW
Raoul Mesnier du Ponsard 的老師也是赫赫有名！

將華麗哥德式建築帶來里斯本的法國建築師 Raoul Mesnier du Ponsard，有個名號也響叮噹的老師 Alexandre Gustave Eiffel，他也就是打造巴黎鐵塔的建築師。

這裡擁抱360度的遼闊視野，美麗的羅西歐廣場和拜薩區櫛比鱗次的建築蹲踞腳下，聖喬治城堡盤據對面山丘頂端，還能遠眺特茹河(Rio Tejo)上渡輪來來往往。

漫步在里斯本的街道上，很難不被這棟外觀鋪著黃色與橘色手繪磁磚的建築吸引。樓房建造於大地震後的1864年，除了1樓外，立面與隔壁相鄰建築的啤酒廠內部，全由畫家路易斯費雷拉之家(Casa do Ferreira das Tabuletas)所設計，因此被稱為費雷拉之家(Casa do Ferreira das Tabuletas)。立面的圖案中充滿著許多共濟會(Freemasonry)的符號與寓言，正中心放著三角形全視之眼(Eye of Providence)，古典人物分別代表著土地、水、工業、商業、農業、科學等各個領域。

必嚐美食

羅西歐廣場熙來攘往的大街小巷裡，藏著許多人氣美食，走過路過千萬不要錯過。

Casa das Bifanas
正宗葡萄牙庶民美食

豬扒堡
約€2.5
推薦菜

🏠 Praça da Figueira 7A

別小看這間無花果樹廣場旁的小店，從早上到深夜，都被里斯本人當作自家廚房。Casa das Bifanas的意思就是「豬扒堡的家」，招牌餐點當然就是大刺刺擺在玻璃櫥窗前迎客的豬排。正宗葡萄牙豬扒堡最能看出簡單中的深蘊，切開外脆內軟的白麵包，豪邁地夾上兩三片厚切豬排，滷過的豬排軟嫩入味，與吸飽醬汁的麵包一起入口，簡直是天作之合，庶民價格、五星級美味，怎麼能抗拒再點一個的誘惑！

📍P.40C2 🚇地鐵綠線至Rossio站下，步行約3分鐘 ☎213-423-184 ⏰06:30~00:00 ❌週日 casadasbifanas.eatbu.com

Marisqueira Uma
正宗葡萄牙庶民美食

海鮮飯
約€17.9
推薦菜

🏠 R. dos Sapateiros 177

與聖加斯塔升降梯僅隔一條小巷，位居市區中心的絕佳地點。由家族經營的小餐館以豐美的海鮮飯 (Arroz de Marisco/Seafood rice) 聞名，還未達營業時間往往就可看到排隊人潮，通常需等待10~20分鐘左右才能入座。餐廳空間不大，海鮮

飯用料澎湃，以大蝦、螃蟹、淡菜等材料烹煮，分量十足，通常需兩人合點一份，頗受亞洲遊客青睞，網路評價兩極，菜單也有韓文、中文版本。

📍P.40B2 🚇搭乘地鐵於Baixa-Chiado站下，步行約5分鐘 ☎962-379-399 ⏰12:00~22:00 umamarisqueira.com ❗擺在桌上的麵包、橄欖等小菜價格稍高，若不需要可請服務生收走

Café Nicola
百年人文咖啡館

蒜香蛤蜊
約€19.5
must eat! 推薦菜

🏠 **Praça Dom Pedro IV 24-25**

Café Nicola的歷史可追溯到18世紀，當時由一位叫做Nicola的義大利商人經營，曾是文學和政治圈菁英的聚會場所，詩人

Manuel Barbosa du Bocage就是這裡的常客，現在店內還有詩人的雕像做為紀念。接下來的百年時光幾經易主，1929年後重新裝潢改名，才成為現在看到的新藝術風格。正對羅西歐廣場的戶外座位區是遊客的最愛，Café Nicola也供應正餐，以葡萄牙菜為主，包含牛排、螃蟹、海鮮飯等，有時週末晚上還會有Fado表演。

📍P.40C2 🚇搭乘地鐵於Rossio站下，步行1分鐘 ☎213-460-579 ⏰07:00~00:00

A Ginjinha
百年酒吧

櫻桃利口酒
約€1.5
must eat! 推薦菜

🏠 **Largo São Domingos 8**

Ginjinha是一種葡萄牙傳統的櫻桃利口酒，以葡萄牙白蘭地aguardente為基底，加入酸櫻桃、糖和肉桂等配方浸漬，經過四至五個月發酵，釀出濃烈的櫻桃風味，通常作為餐後消化酒來飲用，在里斯本和奧比多斯（Óbidos）地區非常受歡迎。羅西歐廣場旁的A Ginjinha據說是Ginjinha創始店，其歷史可回溯至1840年，90年代初期搬遷至現址，早已成為數代里斯本人的集體記憶，無論哪個時刻經過，店外人潮總是絡繹不絕，人手一杯紅寶石般的酒液，小口啜飲著，最後吃下一顆酸櫻桃，感受酒精和香甜直衝腦門的過癮。

📍P.40C2 🚇地鐵綠於Rossio站下，步行約5分鐘 ☎218-145-374 ⏰10:00~22:00 🌐ginjinhaespinheira.com

Retiro Dos Sentidos
錯過了用餐時間也不用擔心

烤豬腳
約€18
must eat! 推薦菜

🏠 **Rua Diário de Notícias 40 A**

Retiro Dos Sentidos是間可以一邊用餐一邊欣賞法朵演出的葡式餐廳，位於知名法朵酒館Tasca do Chico Alfama Fada的正對面，暫時擠不進總是大排長龍的酒館，不妨先進來安撫一下五臟廟。店內提供多樣化的葡國料理，餐點味道中規中矩，法朵歌手遊走於餐桌之間，時而激昂、時而婉轉的歌聲為道地庶民氣息加不少分。

📍P.40B2 🚇地鐵綠線或藍線於Baixa-Chiado站下，步行約6分鐘 ☎925-935-014 ⏰10:00~02:00

巴西人咖啡館
A Brasileira

百年人文咖啡館

 R. Garrett 120

推薦菜 咖啡 約€2.5起 must eat!

每個城市都有一間代表性咖啡館，里斯本的首席無疑是巴西人咖啡館。1905年開業以來，一直維持Art Deco裝飾藝術風格，當時，Brasileira就是里斯本的文化中心，知識份子、詩人、作家和藝術家們聚集在此辯思哲學、議論時政、討論創作。葡萄牙最偉大的詩人Fernando Pessoa也是這裡的常客，為了紀念那個文思薈萃的年代，1988年在門口立了一座詩人雕像，現在已成了最受歡迎打卡景點。店內使用巴西進口的咖啡豆，同時也是葡萄牙加強版濃縮咖啡Bica的發源地。

◎P.40B2 ◎地鐵線於Baixa-Chiado站下，步行1分鐘 ◎213-469-541 ◎08:00~00:00 ◎單品價格根據站在吧台、店內座位和室外座位而不同

有此一說～

傳說只要將筆放在Fernando Pessoa銅像的手指間隙不掉落，那麼這支筆就能讓你文思泉湧、寫出好作品呢！要不要試試看？

Confeitaria Nacional

百年糕餅店

推薦菜 蛋塔 約€1.55 must eat!

 Praça da Figueira, 18 B

位於無花果樹廣場旁的Confeitaria Nacional不只是間百年糕餅店，也是城市歷史的一部分。推開核桃木框玻璃門，就  是踏進里斯本的19世紀，華麗的金色鏡面天花板、圓弧造型的核桃木框櫥窗、典雅的迴旋樓梯，店內依然維持Balthazar RoizCastanheiro於1829年創立時的模樣。玻璃櫃中各式各樣的鹹甜點心疊放得整齊誘人，除了百年配方的傳統糕點，最特別的是無花果口味的蛋塔，勇於嘗試的人可以試試。

◎P.40C2 ◎地鐵綠線至Rossio站下，步行1分鐘 ◎213-424-470 ◎08:30-20:00 ◎confeitarianacional.com

里斯本：羅西歐廣場與聖加斯塔升降梯

長達400年的皇宮所在地，迎向海洋的皇室氣派～

廣場正中央豎立一尊荷西一世(José I)騎著駿馬的銅雕像，由葡萄牙18世紀最好的雕塑家馬加多所雕刻，因此這裡被英國人稱作「黑馬廣場」。

里斯本…奧古斯塔拱門與商業廣場

奧古斯塔拱門與商業廣場

MAP P.40 C3

Arco da Rua Augusta & Praça do Comércio

里斯本人習慣稱這裡為宮殿廣場(Terreiro do Paço)，曼努埃爾一世(Manuel I)在1511年將皇宮從聖喬治城堡遷移到這個更為便利的地理位置後，諾大的開放廣場曾經是葡萄牙皇宮所在地達4百年之久。然而皇宮和附設的圖書館卻在1755年里斯本大地震後摧毀，彭巴爾侯爵的新古典主義理念重塑了新宮殿，以馬蹄形迴廊圍繞這個廣場。

雄偉凱旋門式樣的奧古斯塔拱門(Arco da Rua Augusta)是廣場上最醒目的建築，用於紀念大地震後的災後重建。石砌拱門柱頂的雕像都是葡萄牙歷史上的重要人物，中間則是葡萄牙國徽。

造訪奧古斯塔拱門與商業廣場理由

1 里斯本的城市地標之一

2 感受里斯本的濱海美景

3 也是體驗夜生活的好所在

在1910年革命後，宮殿便轉換成政府行政機構，里斯本遊客中心(Ask me Lisboa)和講述城市歷史的故事館則座落於東側迴廊。

Lisbon Shop位於廣場上的遊客中心旁，是里斯本旅遊局的官方紀念品商店。商品項目眾多，從設計感十足的文具用品、精美的磁磚、沙丁魚造型的紀念品、陶瓷餐盤、花果茶葉、音樂CD、書籍等應有盡有。

持有里斯本卡部分商品還能享有**10%**的折扣。

Did YOu KnoW

登上凱旋門頂端俯瞰里斯本美景

由法國雕塑家塞萊斯汀·阿納托·卡爾梅爾斯(CélestinAnatole Calmels) 創作的奧古斯塔凱旋門最頂端高達 30 公尺，在美輪美奐的雕刻造型裡還藏著一個觀景台，只要支付 €4.5 的門票（成人）或使用里斯本卡就可登頂 360 度飽覽里斯本城市的壯麗景觀，無論是鄰接闊廣海洋的商業廣場，或是在紅磚屋頂中以葡萄牙式黑白磁磚鋪成的美麗奧古斯塔街都一覽無遺，只是登頂的電梯沒有直達，還是必須勤勞點走一段狹窄的螺旋狀樓梯喔！

里斯本故事館
Lisboa Story Centre
Terreiro do Paço, 78-81
211-941-027 10:00~19:00
全票€7.5，優待票€3.5起
www.lisboastorycentre.pt/en
里斯本卡免費
Lisbon Shop
Rua do Arsenal 5
210-312-802 10:00~19:00
shop.visitlisboa.com

◎地鐵藍線至Terreiro do Paço站下

至少預留時間
廣場漫步：0.5~1小時
故事館看故事：約2小時
入夜尋訪夜生活：約2小時

使用里斯本卡可免費參觀里斯本故事館！

紅燈區變夜店街
鄰近海邊的Rua Nova do Carvalho以往是里斯本著名的紅燈區，上岸的水手常在此尋歡作樂，但妓院密集也讓此地變成犯罪溫床，於是在2011年開始了社區改造計畫，負責規劃設計的José Adrião Arquitectos工作室變將街道路面塗上鮮艷有活力的粉紅色，當地人也因此改稱這裡為粉紅街(Rua Cor de Rosa)，街道大變身後吸引許多流行夜店、特色酒吧和有live演唱的餐廳進駐，成為現在里斯本最火紅的夜生活區域，平常白天寧靜無人的街道到了晚上總是聚集了大批時髦的年輕人拿著酒杯聊天歡聚，如果想體驗一下里斯本的酒吧來這裡就對了！

就像是從城堡下方展開的一大片**魔毯**，這裡最大的魅力，是**穿梭小巷**體驗當地人生活日常。

王牌景點 ③

里斯本：阿爾法瑪舊城區

雄偉的聖喬治城堡位於阿爾法瑪上方，佔據著天然有利的防禦性位置，俯瞰著整個阿爾法瑪。

◎搭乘28號電車於太陽門廣場(Largo Portas do Sol)站或聖文森教堂(Cç. S. Vicente)站下車，即可由高處為起點，展開漫步。

至少預留時間
只是隨便亂逛
3小時
城堡教堂皆入內參觀
半天，甚至全天

天黑後最好不要進入沒有路燈的小巷內！

阿爾法瑪舊城區
MAP P.39 E2

Alfama

　　由拜薩區往東行，便會進入了宛如迷宮般的阿爾法瑪。阿爾法瑪位於聖喬治城堡與特茹河中間的山坡地帶，這裡遍布著錯綜複雜的巷弄、陡峭的階梯、土紅色屋頂與白色牆壁的房子，是里斯本摩爾文化的匯聚之地。

　　阿爾(Al)是起源於阿拉伯語的字首，阿爾法瑪近似於Al-hamma，阿拉伯文中泉水或浴室的意思。

　　早期北非摩爾人統治期間，這兒就是整個城區，然而在中世紀以後，居民因為害怕地震而往西移動，留下的只剩漁民與貧民。雖然在1755年里斯本大地震後，只有少部分的建築物留下來，但這裡仍保了原先摩爾城區的布局。

造訪阿爾法瑪舊城區理由

1 深入在地人巷弄裡的生活日常

2 聖喬治城堡里斯本第一的360度景觀視野

3 不只濱海，里斯本也是美麗山城

空氣中散播著室外晾衣的肥皂香味，居民們閒話家常的談話聲，偶爾還有吟唱法朵的歌聲。

這裡的山坡上也有許多不同的廣場與觀景台，可以不同角度將大片美景盡收眼底。

你好，等一下你可能遇見我喔！

漫步在阿爾法瑪的巷弄中，一定會看到許多黑白的人物肖像掛在牆壁上。別訝異，這些人物都是當地的居民，也都還在世。原來政府為了使得當地社區更開放，與外界產生互動，因此將每個社區裡居民代表的畫像掛在門口，還標註了名字與年紀，有些是家庭主婦，有些是賣魚的老奶奶。倘若在巷弄散步時，很可能就會遇到這些熟悉的臉孔。

由高至低，信步而行

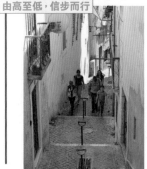

雖然平常你可能不愛走路，但一步一腳印是最能領略本區迷人魅力的方式。不妨**先搭車到高處，再慢慢逛下來**，就可節省許多體力，不會覺得太累。

樂在迷宮中

本區的道路錯綜複雜，即使自覺方向感不錯，也很可能一不留神就迷失了方向。如果沒時間壓力的話，何妨拋開Google Map，**享受一段迷路**的樂趣。

沉醉法朵世界

傍晚時分，找間**法朵餐廳**祭祭五臟廟，同時聽聽葡萄牙特有的**動人旋律**，為這天的旅程畫下美麗的句點。

里斯本：阿爾法瑪舊城區

Did YOU KnoW

摩爾人是什麼人？

多數歷史學家定義摩爾人是階級文化的統稱，中世紀時期主要分佈於伊比利半島（現西班牙、葡萄牙）、撒丁尼亞、西西里島、馬爾他、科西嘉島、馬格里布和西非的穆斯林。

城堡、教堂、博物館、法朵、天際線……
所有你好奇的里斯本，都在這一區～

MAP P.39 E2

聖喬治城堡
Castelo de São Jorge

聖喬治城堡的歷史可追溯到5世紀，西哥德人選擇里斯本最高的聖喬治山丘，建立防禦碉堡，後來摩爾人進一步修築城牆高塔，1147年葡萄牙第一位國王阿方索收復里斯本後，就將此地作為皇室住所，13~16世紀是城堡的黃金年代，擴充修建工程不斷，這裏是接待外賓貴族和舉行多次加冕活動的場所，直到1511年曼努埃爾一世將皇宮搬遷至商業廣場。1580年後的西班牙統治時期，一直到20世紀初，居高臨下的戰略位置，讓城堡負擔起重要的軍事防衛功能。

🚋電車12或28號於Miradouro Santa Luzia站下，步行約5分鐘；或於無花果廣場搭公車737於城堡門口下 ⊙ Castelo de S. Jorge ☎218-800-620 ⏰3~10月09:00~21:00、11~2月09:00~18:00 ⊘1/1、5/1、12/24~25、12/31 ⊜全票€ 15、優待票€7.5起，12歲以下免費 🌐castelodesaojorge.pt

可於售票處索取詳細中文導覽和地圖

城堡觀景台是俯瞰里斯本的最佳位置，腳下紅瓦屋頂的舊城區連接羅西歐廣場，視線繼續延伸，愛德華七世公園像綠色地毯，鋪在現代化大樓之間。

11世紀摩爾人修築的防禦堡壘，主要為駐紮軍隊的用途，在必要時則作為城中精英階層的圍城。目前仍然留有11座高塔，其中財富塔是收藏皇家財寶和皇家檔案的所在，也是最適合眺望市區的位置，塔中設有投影室(Camera Obscura)，利用鏡像反射和凹凸鏡原理，合成360度的里斯本全景影像。

高塔透過城牆彼此相連，中庭有沿著城牆修築的樓梯可攀爬上高塔參觀。

考古遺跡(Sítio Arqueológico)這個不大的區域同時展示了三個不同時期的文化活動痕跡。以金屬屋頂覆蓋保護的部分是西元前7~3世紀的村落,鐵器時代的廚房灶台仍依稀可辨識,出土文物則大多收藏在展覽廳。

以白牆模擬重建的是11世紀的摩爾人住宅街區,可看到回教住宅注重隱私與中庭空間的建築特色;中間區塊只剩裸露的建築地基,是15世紀的前主宮殿遺址。此區需跟隨每日固定時段的免費導覽才能入內參觀。

中世紀葡萄牙國王們都居住的阿爾卡克瓦宮(Paço de Alcaçova),里斯本大地震嚴重損毀後,只能從花園和天井遺址一窺當時宮殿建築型式,現在是餐廳和展覽館。

建議選擇傍晚參觀,特茹河閃爍金光悠悠流向出海口,4月25日大橋優美的弧度畫出視覺焦點,隨著天色漸暗,城市燈火逐漸點亮,又是另一番讓人捨不得離開的風景。

怪名大橋其來有自

連接里斯本與對岸阿爾馬德(Almada)的4月25日大橋(Ponte 25 de Abril),原名為薩拉查大橋(Ponte Salazar),1966年通車,形似舊金山大橋,後來為了紀念1974年以和平手段推翻軍政府的康乃馨革命,便以發起政變的4月25日為大橋改名,在此場革命運動中許多民眾與軍人將康乃馨插在槍管上,象徵以和平手段代替暴力抗爭,這個經典畫面也成為「康乃馨革命」命名由來。

Did YOU KnoW

葡萄牙王國的最後統治者——布拉干薩王朝

從1640年葡萄牙開始反抗西班牙統治尋求獨立後,當時的布拉干薩公爵約翰四世就正式自封為葡萄牙國王,開啟了布拉干薩王朝(Bragança)。此王朝雖然屢有明君,但也曾因法國拿破崙入侵,整個王室流亡殖民地巴西14年,所以1822年王朝的佩德羅父子亦曾任巴西帝國的皇帝,最後王朝末期葡萄牙民眾受到法國大革命思潮影響,自由民主主義的呼聲漸長,終於在1910年爆發革命,廢黜了末代國王曼努埃爾二世,同時廢除君主制成立葡萄牙第一共和國,葡萄牙王國自此滅亡。但布拉干薩王朝足足統治葡萄牙270年之久,葡萄牙國內仍處處可見其遺留下的痕跡。

展覽館的入口處有16世紀皇宮的復原圖片,內部展示西元前7世紀到18世紀的考古文物發現。

除了雕像外，這裡還有散落四周的咖啡座，旁邊並有觀景台，在此可眺望里斯本東部和特茹河的壯麗景色，包括城外的聖文森教堂與修道院，以及阿爾法瑪區的整片紅屋頂的經典風景。

MAP P.40 D2

太陽門廣場
Largo Portas do Sol

太陽門廣場是進入阿爾法瑪舊城區的入口之一，廣場位於阿爾法瑪區的上坡，中央佇立著里斯本的守護聖人「聖文森」的白色雕像，他手中抱著一艘船，船上並有著兩隻烏鴉的守護。

●搭乘電車28號於太陽門廣場(Largo Portas do Sol)站下車

MAP P.40 D2

歷史漫畫牆
História de Lisboa mural

被稱為新一代文青之都的里斯本，到處都看得到充滿創意的街頭藝術，然而，位於太陽門廣場旁邊的這座拱形門內，廁所外面的壁畫卻是由政府出資，邀請葡萄牙插畫家努諾·薩拉依瓦(Nuno Saraiva)創作的漫畫藝術，目的是期望以生動的方式向世人介紹里斯本多災多難又戲劇化的歷史。

●搭乘電車28號於太陽門廣場(Largo Portas do Sol)站下車，步行約2分鐘

在漫畫牆階梯旁的舊城牆牆面上，還能瞧見火災遺留下的痕跡。

其中，最驚心動魄的莫過於1755年11月1日萬聖節當日所發生的大地震，這是人類史上死傷最慘重、破壞性最劇烈的天災之一，根據現代地震學家估計，當時的地震規模高達9級，里斯本幾乎整個被摧毀，更慘的是還引發了海嘯與火災，當時死亡的人口多達6~10萬。

聖文森教堂與修道院
São Vicente de Fora

MAP P.39 E2

外觀是文藝復興風格的建築，內部入口處放著聖文森的雕像。

©Copyright by Philip Sheldrake

教堂旁的修道院在1755年的大地震也倖免於難。

©Copyright by Philip Sheldrake

修道院內有安葬葡萄牙布拉干薩王朝(Bragança)君王的祠堂，迴廊裡的藍磁也十分令人驚豔。

有著兩座鐘樓的聖文森教堂與修道院，最早是為了紀念1147年葡萄牙開國國王阿方索一世趕走摩爾人奪回里斯本而建造，西元1582年義大利建築師Filippo Terzi重新設計建造，最終於1627年完工。當西元1173年聖文森被封為里斯本守護聖人時，他的遺物也從葡萄牙南部阿爾加維運送到這裡。

🚋搭乘28號電車於Voz Operário站下車，步行約5分鐘 📍Largo de São Vicente ⏰10:00~18:00 ❌1/1、聖週五、復活節週日、5/1、12/24~25、12/31 💰全票€8、優待票€4起，持里斯本卡€6，12歲以下免費。另有導覽€2 🌐mosteirodesaovicentedefora.com

有此一說～

烏鴉和船守護聖人
傳說里斯本的守護聖人聖文森的遺體從南部城市運至里斯本時，船上有兩隻烏鴉徹夜守護，所以烏鴉和船(Two Ravens and a Ship)就成了里斯本市的象徵，市徽也因此而生。現在在各公共建設如路燈、垃圾桶等都可見到這個圖案，眼尖的朋友不妨找一找喔！

里斯本：阿爾法瑪舊城區

熱愛尋寶的遊客，最好早點前往，因為市集大概4點左右就會陸續收攤。如果有人很不幸地在市區被扒了手機與物品，據說來到小偷市集就有可能買回失物喔！

小偷市集
Mercado de Santa Clara

MAP P.39 E2

離聖文森教堂不遠處的小廣場上，每週二與週六因為小偷市集而人聲鼎沸。

小偷市集其實就是里斯本的跳蚤和二手市集，在這裡人們把平日用不著的東西拿出來賣，從各式陶瓷、餐具、衣服、手工藝品、古董、紀念品等等應有盡有，充滿驚喜。

🚋搭乘電車28號於Voz Operário站下車，步行約4分鐘 📍Feira da Ladra, Campo de Santa Clara 📞218-863-191 ⏰每週二、週六09:00~18:00

法朵博物館
Museu do Fado

MAP P.39 E2

許多人對法朵的第一印象都來自文溫德斯的電影《里斯本的故事》(Lisbon Story)，片中敘述一個老錄音師與葡萄牙國寶級樂團「Madredeus(聖母合唱團)」在里斯本發生的故事，這部電影也扮演將法朵音樂介紹給全世界的重要角色。

在法朵博物館中，音樂才是主角，參觀者會拿到一副導覽設備，入口處3層樓高的名人牆，就是開啟法朵世界的鑰匙，只要輸入照片旁的號碼，就能聽到不同歌手的吟唱。法朵的歌詞如詩，一首歌就是一個故事，描述對平實生活的渴求、對逝去親人的思念、以及愛情中的背叛、失望和忌妒。在法朵的演唱術語中有Saudade一詞，意思是渴望，就是指唱出歌者最深沈的靈魂。

🚇地鐵藍線於Santa Apolónia站下，步行約7分鐘 🏠Largo do Chafariz de Dentro, N.º 1 📞218-823-470 🕐週二至週日10:00~18:00(最後入場時間17:30) 🚫週一、1/1、5/1、12/25 💶全票€5、優待票€2.5起，持有里斯本卡€4 🌐www.museudofado.pt

兩層樓的展覽空間以影片、圖片和音樂深入介紹法朵的發展歷史、演唱場合、傳播方式、使用樂器、著名歌手等，包含讓民謠成為葡萄牙代表性音樂的「法朵皇后」Amália Rodrigues的歌聲，以及近代最受歡迎的女歌手Dulce Pontes和Misia的詮釋。

沙啞的歌聲傳達生命的刻痕，即使聽不懂葡萄牙文歌詞，也能感受那壓抑的力量間宣洩出豐沛情感，時而婉轉低迴，時而盪氣迴腸。

📖 法朵歌后Amália Rodrigues

出身阿爾法瑪貧民區的**Amália Rodrigues**自4、5歲時即在街頭賣唱，為家庭賺取微薄收入，嚐遍人情冷暖。然而她天生的好歌喉終未被埋沒，從街頭到酒吧，最後於1930年代開始職業歌唱生涯，她那歷經生活磨練而成的深沉情感、寬廣的音域及完美的歌唱技巧，讓她一炮而紅成為法朵音樂的當紅歌手。但讓她名留青史的是她成功將傳統貧民區訴說哀傷的法朵音樂與學院裡流行的民謠輕快法朵結合，以創新的形式擄獲各階層人們的心，更將法朵音樂推向國際！也難怪這位縱橫葡萄牙歌壇半世紀的天后於1999年逝世時，葡萄牙政府不但舉行國葬，還舉國哀悼3日，稱其為「葡萄牙的聲音」一點也不為過。

里斯本：阿爾法瑪舊城區

聖安東尼教堂
Igreja de Santo António

聖安東尼是天主教方濟會的修士，出生於1195年里斯本的富有家庭，一生致力於救濟貧窮。他學識淵博、善於講道，當時教宗在聽過講道後，讚美他為「活動的聖經文庫」。雖然他主要活動範圍都在北義大利帕多瓦一帶，但在葡萄牙人心目中，聖安東尼的崇高地位大約等同於台灣民間對觀世音的信仰，每年6月13日讓城市陷入狂歡的聖安東尼節就是聖人的逝世紀念日。1982年教宗若望保祿二世也曾經來此拜訪，教堂內的拼貼磁磚還繪有當時教宗祝禱的情景。

🚇地鐵藍線於Terreiro do Paço站下，步行約5分鐘；或搭乘電車28號於大教堂門口下　🚇Largo de Santo António da Sé　☎218-869-145　🕐08:00~19:00(週末至20:00)　💲免費　🌐stoantoniolisboa.com

聖安東尼節=沙丁魚節

©Treasure of Lisbon

葡萄牙每個大城市都有自己的守護聖人，並挑選一個與聖人相關的紀念日，作為該城市的獨特節日。里斯本共有4位著名的守護聖人，其中以守護愛情與孩子的聖安東尼最具人氣。對里斯本人來說，一年中最重要的日子就是6月13日—守護聖人聖安東尼的逝世紀念日(Festa do Santo António)，當天從聖安東尼教堂出發的遊行隊伍，浩浩蕩蕩繞行阿爾法瑪老城區。

原本的小教堂在1755年大地震中傾毀，1767年重建為巴洛克－洛可可風格，主殿Pedro Alexandrino的畫作和高壇上聖安東尼的鍍金雕像，以及聖器室中色彩鮮豔的大幅磁磚畫都值得欣賞。

里斯本：阿爾法瑪舊城區

大教堂旁這座供奉里斯本守護聖人的教堂，總有川流不息的虔誠教徒，因為根據傳說，教堂地下室的禮拜堂，就是聖人出生的地點。

國立磁磚博物館
Museu nacional do Azulejo

MAP P.39 E2

對葡萄牙磁磚發展史有興趣的人，千萬不可錯過坐落在聖母修道院(Convento da Madre de Deus)內的國立磁磚博物館。在這裡可以好好欣賞從15世紀到現代，葡萄牙磁磚發展的過程與花樣的演變。

博物館內的磁磚依年代分區展示，15世紀的摩爾式磁磚色彩鮮豔、幾何圖案充滿回教風味；16世紀的磁磚多由當代畫家繪製，以宗教題材和宮廷畫為主，筆觸細膩，藝術價值高；17世紀有許多民間工匠的作品，常民生活百態、動物花鳥、神話風俗都是磁磚畫的常見題材；18世紀則加入街景、地圖等主題。

🚇地鐵藍線於**Santa Apolónia**站下，轉乘巴士718、742、759號於門口下車 🏠**R. Me. Deus 4** ☎218-100-340 🕐週二至週日10:00~18:00(最後入場時間17:30) 🚫週一、1/1、復活節週日、5/1、6/13、12/25 💰全票€8 🌐**www.museudoazulejo.gov.pt** 🎫里斯本卡免費

聖母修道院是在1509年時由胡安二世(Joãn II)皇后雷奧諾爾(Dona Leonor)創立的，該建築最初的風格是採曼努埃爾式，後來又增加了一些文藝復興和巴洛克式的建築。

博物館旁的聖安東尼奧禮拜堂(Capela de Santo António)，重建於1775年地震後，內部金碧輝煌，天花板上鑲著金框的畫作，包括國王胡安三世和(João III)和皇后凱薩琳(Catherine of Austria)的肖像。

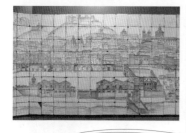

最經典的是一幅里斯本市區全景圖，全長23公尺，描繪1755年大地震前的市容；近代的磁磚融入現代藝術創作元素，表現方式更多元。

教堂裡的其他幾幅輝煌的畫作則描繪了聖母以及聖徒的生活。大地震後又增添了華麗的洛可可風格祭壇。

Did You Know

看磁磚娓娓道來

在葡萄牙各地旅行，無時無刻都可見到磁磚的影子，從火車地鐵站、餐廳、教堂、修道院到一般房舍的外牆、路標等，磁磚無疑是建構葡萄牙文化印象的重要元素。

葡萄牙磁磚 (Azulejo) 來自於阿拉伯語的 az-zulayj，意思是「磨亮的石頭」，指的是大小約 11~18 平方公分，畫滿圖案的小磁磚，也就是摩爾人的馬賽克藝術。15 世紀時，磁磚藝術在西班牙的安達魯西亞地區發展，1503 年，葡萄牙國王曼努埃爾一世 (Manuel I) 造訪西班牙塞維亞 (Seville)，帶回磁磚彩繪，大量運用於辛特拉宮的裝飾，此後，葡萄牙人融入自己的藝術和技巧，將磁磚變成畫布，發展出屬於葡式風格的磁磚。

葡萄牙磁磚最早是承襲摩爾人的形式，顏色以白底藍色為主，兼有黃、綠、褐等色彩，不過在 16 世紀時義大利人發明了直接將顏料塗在濕的陶土上，稱為 majolica，興起了 17 世紀的葡萄牙磁磚風潮，他們大量地在公共場合以磁磚裝飾建築物，尤以修道院和教堂最為顯著。到了 18 世紀時，全歐洲沒有一個國家像葡萄牙般地生產多樣化的磁磚！其中巴洛克式的藍白磁磚被公認是最好的品質。

亮黃色28號老電車與大教堂組成的畫面，已是里斯本的定番風景。這座擁有堅固高聳雙塔的建築不只是地標之一，也是里斯本重回基督教世界的勝利象徵。

1147年葡萄牙建國之王亨利阿方索(Dom Afonso Henriques)從摩爾人手中奪回里斯本，在原本的清真寺上興建教堂。

14世紀的哥德式的迴廊擁有美麗的雙層拱形門，祭壇和主殿高壇則呈現17~18世紀巴洛克式的華麗。

受到後來地震和火災的毀損，大教堂不斷地擴建和重修，混合了各個時期的建築風格；阿方索四世 (Dom Afonso IV) 期間將這裡作為皇家陵寢所在，擴建了哥德式耳堂，今日大教堂的規模則是自1930年修復工作結束而來的。考古學家曾在這裡挖掘出一段羅馬之路、西哥德時期和清真寺的一些遺跡。

🚇地鐵藍線於Terreiro do Paço站下，步行約5分鐘；或搭乘28號電車於大教堂門口下 🏠Largo da Sé 1 ☎218-866-752 ⏰教堂09:00 ~19:00；修道院迴廊5~10月09:30~19:00、11~4月10:00~18:00 ⛔週日 💰教堂免費，修道院迴廊與寶物室全票€5、優待票€3，6歲以下免費 🌐www.sedelisboa.pt

正面兩側宛如堡壘般的鐘塔和大型玫瑰花窗屬於羅馬式風格。

來到里斯本，至少一定要體驗一次法朵音樂的魅力。阿爾法瑪的巷弄內有數不清的法朵餐廳與酒吧，還暗藏一些好吃的甜點、下酒菜，等你去發掘喔～

法朵餐廳
看表演

Clube de Fado

餐廳的老闆馬里奧(Mário Pacheco)是曾在國內外表演過的著名吉他手，大廳中擺滿著名歌手、名人與老闆的合照，還包括葡萄牙足球金童羅納度(Cristiano Ronaldo)拿著吉他的加持照。法朵音樂在圓頂的餐廳內演奏，可以一邊用餐一邊聆聽完整編制的法朵音樂，演唱約在21:30才開始。若已經用過晚餐，也可以付最低消費額度入場聆聽。

📍P.40D3 🚋搭乘電車28號於主教堂Sé站下，步行約5分鐘 🏠Rua de Sao Joao da Praca 94 ☎218-852-704 🕐19:30~01:00 🌐www.clubedefado.pt

Casa de Linhares

位於舊城區山坡下的老建築內，內部圍繞著石牆與壁爐，裝潢得古色古香，點上蠟燭後，有種讓人進入中世紀的氛圍。法朵音樂就在餐廳中央的空地開始，駐唱與伴奏的音樂家均為水準以上，哀怨的歌聲與音樂迴盪在偌大的空間中，是適合享受一頓高品質美食與音樂的好地方，週末假日需要提前預訂。

📍P.40D3 🚋搭乘電車28號於主教堂Sé站下，步行約8分鐘 🏠Beco dos Armazéns do Linho 2 ☎910-188-118 🕐20:00~02:00 🌐casadelinhares.com

中高檔的法朵餐廳最低消費大都€25以上起跳，當然也有較親民的選擇，點一杯飲料就可以聽到動人心弦的歌聲。

Pastelaria Alfama Doce

糕餅店

 R. da Regueira 39

每家糕餅店都有自己獨特的蛋塔配方，Pastelaria Alfama Doce在蛋塔中加入了些許檸檬汁，使得其蛋液內餡更爽口不膩，塔皮香脆。這裡也也是當地人日常生活常去消費店家之一。除了獨家配方的蛋塔外，還包括各種葡式鹹甜手工糕點：椰蓉塔、乳酪蛋糕等，與給遊客的觀光區店家相比，價格相對便宜。

咖啡+蛋塔 約€1.5 推薦菜

P.40D2 搭乘電車28號於太陽門廣場站(Portas do Sol)下，往下坡步行5分鐘 933-143-460 週一至週六08:00~18:30 週日

Maruto Bar & Bistro

小酒館

章魚沙拉 約€8.5 推薦菜

 R. Cais de Santarém 30

小而迷人的Maruto Bar & Bistro就在馬路旁，室內座位雖然不多，但氣氛滿分。點杯冰鎮啤酒，搭配經典葡萄牙下酒菜：各式醃製火腿、鹽醃鱈魚、山羊奶酪、蒜腸、章魚沙拉、三明治等小食，價格實惠，是個值得歇歇腳短暫逗留的好地方。

P.40D3 搭乘巴士206、210、728、735、759、794號於Alfândega站下，步行3分鐘 215-940-993 12:00~22:30(週五、六至23:30) 週一、二

里斯本天際線
Lisboa Skyline

紅瓦屋頂鱗次櫛比沿山壁向上排列，道路盡頭沒入波光閃閃的特茹河，各處教堂尖塔不甘隱沒地突破天際線，里斯本由7座丘陵組成，市區觀景台也特別多，不管是陽光普照、海風徐徐的白天，或是傍晚夕陽時分，層次豐富的都市景觀總能吸引當地人和遊客停留。

©Véronique Debord-Lazaro

Did YOU KnoW

市區觀景台大多集中於阿爾圖和阿爾法瑪兩座舊城區，每個觀景台各有特色，瞭望角度也不盡相同，例如：聖喬治城堡擁有360度視野，但須付費進場，而鄰近城堡的聖露西亞觀景台(Miradouro de Santa Luzia)則是俯瞰阿爾法瑪區與特茹河的好地點。

太陽門廣場觀景台
Largo Portas do Sol

太陽門廣場除了是進入阿爾法瑪區的入口之一，更是能將舊城區美景盡收眼底的觀景台之一。

◉P.40D2 ◉電車28號於Largo Portas do Sol站下車即達 ⑤免費

廣場上設有咖啡座，雖然景色不如聖喬治城堡360度視野那麼壯觀，但卻能愜意的一邊喝咖啡一邊觀賞日落。

恩寵觀景台
Miradouro da Graça

位於聖喬治城堡北方，恩寵聖母教堂附近的恩寵廣場上(Graça)，觀景台四周有松樹環繞，還有咖啡座，能將阿爾法瑪區一覽無遺。

◉P.40D1 ◉電車28號於Rua da Graça站下，步行約3分鐘 ⑤免費

聖杜蒙蒂觀景台
Miradouro De Nsa. Senhora Do Monte

從恩寵觀景台再繼續往北走，位於聖喬治城堡後方的另一座山丘上，位於一個小公園中，可以眺望整個拜薩、阿爾圖區、聖喬治城堡、特茹河及4月25日大橋。

建議於上午順光的時間前往。

🚩P.39E1 🚋電車28號於Rua da Graça站下，步行約5分鐘 💶免費

聖加斯塔電梯
Elevador de Santa Justa

和聖佩德羅觀景台的景觀類似，但更貼近市區，是居高臨下俯瞰羅西歐廣場幾何地磚的最佳位置。

🚩P.40C2 🚇地鐵綠線至Rossio站下，步行約3分鐘
🕐5~10月07:30~23:00、11~4月07:30~21:50
💶兩趟電車＋觀景台€6，使用里斯本卡或navegante® occasional 24小時卡可以免費搭乘

建議一大早就前往，除了可避開排隊的人潮，還能觀賞美麗的日出！360度的視野讓人讚嘆。

聖佩德羅觀景台
Miradouro de São Pedro de Alcântara

最有人氣的觀景台之一，位在Gloria纜車站旁邊，還能順便體驗搭纜車的樂趣。

🚩P.39C2 🚋Gloria纜車站旁邊 💶纜車單程€3.1、上車購票€4.1、navegante® occasional卡儲值單程€1.61；使用里斯本卡或navegante® occasional 24小時卡可以免費搭乘

觀景台本身設計成雙層公園，草地上躺著悠閒日光浴的歐洲遊客或本地人，可以欣賞拜薩區一路延伸到聖喬治城堡的里斯本東半部景觀。

愛德華七世公園
Parque Eduardo VII

前景是法式公園綠地，中景有昂然站立於紀念碑上的彭巴爾侯爵雕像和綠色腰帶一般的自由大道，遠景是閃爍藍寶光澤的特茹河。站在愛德華七世公園的頂端，有一種巡視領土的暢快。

🚩P.39B1 🚇地鐵藍線至Parque站下，步行約8分鐘 💶免費

里斯本：阿爾法瑪舊城區

葡萄牙最豐富的繪畫藝術收藏，就在17世紀的阿維爾宮殿裡，可以一覽葡萄牙12~19世紀的藝術！

王牌景點 ④

里斯本∶∶國立古美術館

造訪國立古美術館理由
① 葡萄牙最重要的國家藝術寶窟
② 美術館本身曾經是座宮殿

MAP P.39 A3

國立古美術館
Museu Nacional de Arte Antiga(MNAA)

位在17世紀阿維爾宮殿(Palácio Alvor)內的國立古美術館，收藏有葡萄牙最豐富的繪畫藝術品，最突出的是葡萄牙早期的宗教藝術珍品。館內大多數展品主要來自1834年葡萄牙自由運動驅逐宗教時，沒收各修道院和教堂的藝術品，大量雕塑、銀器、陶瓷器收藏品可以一覽葡萄牙12~19世紀的藝術。

至少預留時間
走馬看花：1小時
仔細欣賞：4小時

◎從搭乘電車15 E、18或巴士728、732、760號於Cais da Rocha站下

●R. das Janelas Verdes ●213-912-800
●週二至週日10:00~18:00 ●週一、1/1、復活節週日、5/1、6/13、12/25 ●全票€10、優待票€5起。特展票價不定 ●www.museudearteantiga.pt ●里斯本卡免費

里斯本卡免費！

最精采的作品之一是由努諾(Nuno Conçalves, 1450~1491)所繪的《聖文森版畫》(Painéis de São Vicente, 1470)，努諾是15世紀受到法蘭德斯畫派影響深遠的葡籍畫家，這幅集體肖像畫在歐洲繪畫中相當特別，可一窺當時社會各階層的葡萄牙人。

由左而右是來自阿寇巴薩修道院的西妥會修士、穿著綠色大衣的漁夫、穿著紅色禮服跪在地上的伊莎貝爾皇后、帶著帽子的航海家亨利王子、伊莎貝爾皇后對面的國王阿方索五世、戴紅帽的葡萄牙守護神聖文森、戴鋼盔的聖王子、乞丐老人等。

紀錄16世紀葡萄牙探險家抵達日本後的《南蠻屏風》(Nanban Screen)。

館藏亮點還包括聖經故事中的《莎樂美與施洗約翰的頭》(Salomé com a Cabeça de São João Batista)。

來自歐洲、非洲和東方的裝飾藝術和傢俱也值得欣賞。

里斯本的香榭大道

1879年建成以來一直是里斯本最寬敞的大道,是城市向北擴張的里程碑,兩旁精品店、珠寶店、高級旅館、銀行、電影院等林立。

里斯本：自由大道

自由大道
Av. De Liberdade
MAP P.39 C1

每個首都都有引以為傲的那條門面街,在里斯本就是自由大道!自由大道又被稱為「里斯本的香榭麗舍」,寬達90公尺的林蔭大道,共10個車道,連接彭巴爾侯爵廣場(Praça Marquês de Pombal)和光復廣場(Praca dos Restauradores)。

大道南端的光復廣場是為了紀念1640年推翻西班牙統治,葡萄牙獨立而建,廣場中央豎立獨立紀念碑,雕刻象徵勝利的圖騰。

造訪自由大道理由

1 里斯本名牌精品集中的香榭大道

2 見識里斯本的現代面

3 登高擁抱市區全景

◎地鐵藍線至Restauradores站或Marquês de Pombal站下

至少預留時間
瀏覽櫥窗：約2小時
入內血拚：半天

西班牙的加泰隆尼亞推促葡萄牙獨立
一直吵著要從西班牙獨立的加泰隆尼亞,在1640年4月爆發反收割者戰爭,西班牙為了鎮壓此暴動勢力,不僅徵調葡萄牙軍隊,而且還增加稅收,讓原來已經不滿的葡萄牙人更為不滿,因此從里斯本起而革命,且聲浪推至全國,最後終於推翻一直被西班牙佔盡便宜的「伊比利聯盟」,完成獨立,此為著名的「葡萄牙王政復古戰爭」。

光復廣場西側有一棟18世紀由義大利建築師設計的佛斯宮(Palácio Foz)，現在是遊客服務中心(翻修關閉中)，旁邊則是Gloria纜車的乘車處。

1755年里斯本大地震後，彭巴爾侯爵(Marquês de Pombal)一肩扛起整建城市的重責大任，侯爵深具遠見，以整體都市計畫的概念規劃井然有序的街道和下水道系統，打造出拜薩區的榮景。自由大道最北端，侯爵的雕像昂然聳立於30多公尺高的紀念碑頂端，在新市區的交通樞紐上，居高臨下，俯視他一手重建的城市。

Did YOU KnoW

這些漂亮房子
以前可是流行的電影院呢！

建於 1930 年代的伊甸電影院 (Éden) 正面牆上的設計為當時歐洲十分流行的裝飾藝術 Art Deco，也因此被列為國家重要歷史文物，現在則為飯店 VIP Executive Éden Aparthotel；另一間康德斯 (Condes) 電影院則建於 1950 年代，立面的彩繪石膏外牆也極有特色，目前則為知名的硬石餐廳 (Hard Rock)。

環形廣場北面，大片法式花園順著斜坡展延，愛德華七世公園(Parque Eduardo VII) 是為了紀念1902年和英葡結盟，英國愛德華七世訪問里斯本時所建造。

Did YOU KnoW

葡式碎石路
Calçada Portuguesa

漫步在里斯本的街道上，很難不留意到腳底下美麗的馬賽克鑲嵌碎石路，其中自由大道上的碎石路黑白相間，是里斯本最具代表性的城市名片之一。據說鋪設馬路的石灰岩是由里斯本守護神之一聖文森在西元 1173 年時，於兩隻烏鴉的守護下運達里斯本，配色上因而使用了黑色象徵了烏鴉與死亡，而白色則象徵守護神聖文森的聖潔。值得一提的是，葡式碎石路全為手工製作，需由專業工匠磨出形狀大小適中的立方體石頭，排好圖案後並以木槌敲打鑲入地面，是極需手藝的工程。里斯本市政府為了招聘短缺的維修人手，甚至為此開設了一所學校！

現代地震學的先驅！
發生於1755年11月1日的里斯本大地震重創了整座城市，大地震造成的海嘯與火災使得這場天災的死亡人數高達6-10萬人，而當時葡萄牙全國人口也不過27萬！建築物更有85%倒塌或被毀。奉命重建城市的彭巴爾侯爵於第一時間仔細詢問了各個教會堂區有關地震的細節，包括地震持續的時間、餘震次數、地震如何造成破壞等，並將各堂區回覆的內容仔細記錄下來，使得後來的地震學者可以根據這些資料進行地震重組模擬，里斯本大地震也得以被大範圍地進行科學研究。而身為首位調查地震經過和結果並進行客觀描述的彭巴爾侯爵也因此被認為是現代地震學的先驅。

沿著兩側步道往上走，至高點可眺望里斯本新城、自由大道延伸至舊市區和特茹河的景觀，共享侯爵視野。

古爾本基安美術館雖然屬於私人收藏，卻具有國家級的水準，魯本斯、林布蘭、莫內等大師的作品保證值回票價！

美術館由兩棟建築和佔地廣大的花園組成，分成現代收藏館(Modern Collection)和創辦人收藏館(Founder's Collection)，建築使用大面積落地玻璃的設計，結合室內館藏與戶外光線綠意，讓觀賞者有一種在自然中欣賞藝術的舒適感。

里斯本：古爾本基安美術館

MAP
P.39
A1

古爾本基安美術館
Museu Calouste Gulbenkian

土耳其裔美國人的石油大亨古爾本基安(Calouste Gulbenkian)在二次大戰期間被放逐至葡萄牙，過世後捐贈出歷年來的私人收藏，成立基金會，打造這個豐富程度媲美國家博物館等級的美術館。

至少預留時間
走馬看花：1小時
仔細欣賞：4小時

◎地鐵藍線或紅線至São Sebastião站下

ℹ️

🏠Av. de Berna, 45A ☎217-823-000
🕐10:00~18:00 ❌週二、1/1、復活節週日、5/1、12/24~25 💲一日票(所有展館)€13、創辦人+現代收藏館€10、特展依展覽而異，優待票75折起，12歲以下免費 gulbenkian.pt
❗使用里斯本卡8折優惠，每週日14:00後免費

造訪古爾本基安美術館理由

1 國家級的藝術殿堂，館藏豐富

2 魯本斯、林布蘭、莫內、羅丹等大師作品雲集

里斯本有許多有趣的博物館，而里斯本卡僅包含部分館所免費參觀，有些精彩的博物館只有給予折扣(例如：古爾本基安美術館、法朵博物館)。過去許多博物館開放週日免費參觀的措施如今已更改，只允許里斯本的居民享此優惠。目前唯一開放給外國遊客免費參觀的博物館僅剩古爾本基安美術館(Museu Calouste Gulbenkian)，開放時段為每週日14:00後。

里斯本：古爾本基安美術館

在歐洲藝術館藏方面，有中世紀燙金手抄本、象牙和木製的雙折記事版，當然絕對不能錯過魯本斯(Rubens)、林布蘭(Rembrandt)、雷諾瓦(Renoir)、莫內(Monet)與凡戴克(Van Dyck)等名家的畫作；現代美術館則展出19世紀末到當代的葡萄牙藝術家作品。

創辦人的收藏品依年代排列展出，包含埃及文物、希臘羅馬時代的雕塑和錢幣、波斯地毯、葡萄牙磁磚、中國和日本的瓷器漆器。

《老人的肖像》
Portrait of an Old Man
作者│林布蘭　年代│1645

17世紀的光影大師林布蘭被譽為荷蘭最偉大的畫家之一，畫中人物的身份未知，但老年是他的作品中反覆出現的主題，畫作以老人脆弱的面容與強烈而戲劇性的燈光形成鮮明對比。

《蜻蜓》
Dragonfly Broach
作者│雷內•拉利克
年代│1897~1898

蜻蜓與女人的混合的形象，既美麗又奇異。法國新藝術珠寶設計大師雷內　拉利克(René Lalique)被譽為「現代珠寶首飾發明家」，館藏中有許多讓人歎為觀止的收藏。

《黛安娜》Diana
作者│讓•安東尼烏敦
年代│1780

由18世紀法國雕塑大師讓•安東尼烏敦(Jean Antoine Houdon)的精美大理石雕像，黛安娜女神被描繪成手拿弓和箭狩獵，以裸體與奔跑的優雅型態呈現，與之前穿著長袍作為童貞象徵的黛安娜形成了鮮明的對比。

蛇型胸飾
作者│雷內•拉利克
年代│1897~1898

雷內•拉利克的另一件作品蛇型胸飾也十分讓人讚嘆。他富於想像，自然、動物、昆蟲、花草、女體都是他的靈感來源，他的設計被稱為是超越時間限制的風格。

《永恆之春》
L'Éternel Printemps
作者│羅丹　年代│1898

法國雕塑大師羅丹在創作《永恆之春》的初期，恰巧與他才華洋溢的戀人卡蜜兒相遇，作品試圖將一對戀人交織纏繞在一起，傳達愛情中充滿激情又超越一切的永恆形象。

海倫富曼的肖像
Portrait of Helena Fourment
作者│魯本斯
年代│1630~1632

法蘭德斯畫派的代表畫家魯本斯是將巴洛克藝術風格推向極致的大師，海倫富曼是他的第二任妻子，也是他許多畫作的模特兒。這幅畫呈現了魯本斯在渲染黑色緞面衣料的紋理和色調上的技術技巧。

《半人之愛》
Loves of the Centaurs
年代│1630~1632

而另一幅《半人之愛》也不容錯過。

Did you Know

開採伊拉克石油的第一人！

古爾本基安生前是世界上最富有的人之一，出身石油世家的他於1887年被當時鄂圖曼土耳其帝國財政大臣哈格普•帕夏(Hagop Pasha)派往現在的敘利亞和伊拉克地區探勘石油，並幸運地發現大量油藏，使得鄂圖曼土耳其帝國得以在此建立石油工業，所以他可說是開採伊拉克石油的先鋒。

他在1907年甚至一手促成荷蘭皇家石油公司與殼牌(Shell)運輸和貿易有限公司的合併，因此成為新成立的荷蘭皇家殼牌公司(Royal Dutch Shell PLC)主要股東，如今此間公司為石油和天然氣的巨頭，名列世界第9大企業，可見古爾本基安的財富實力有多雄厚～

里斯本：古爾本基安美術館

曾經，葡萄牙是海洋的霸主，他們發現太平洋上有個福爾摩沙，就是臺灣！一切，都是從貝倫開始的～

造訪貝倫區和貝倫塔理由

① 葡萄牙輝煌大航海時代的重要里程碑

② 葡式蛋塔的創始地，追尋受歡迎的甜蜜滋味

被列入曼努埃爾式(Manueline)建築典範和世界文化遺產的貝倫塔，是由曼努埃爾一世令所建造的，造型宛如中世紀城堡般。

里斯本：貝倫區和貝倫塔

里斯本卡免費！

MAP P.39 E1

貝倫區和貝倫塔
Belém & Torre de Belém

　　貝倫塔建於1514~1520年間，這是屬於葡萄牙的輝煌大航海時代，許多冒險家都是由此出發，前往世界各地探險，因此貝倫塔也成為海上冒險的象徵建築物。

　　1580年，貝倫塔不敵西班牙人的攻擊，往後的日子在西班牙人掌控下變成監獄，海水漲潮時，許多關在底層的犯人還因此淹死。拿破崙戰爭時期被毀去一截，1845年才又重修成現在的樣子。

ℹ️

貝倫塔
🏠 Av. Brasília　📞 213-620-034
🕐 09:30~18:00(售票至17:00)
🚫 週一、1/1、復活節週日、5/1、6/13、12/25
💰 全票€8、優待票€4起
💻 www.patrimoniocultural.gov.pt/pat_mun/torre-de-belem
🎫 里斯本卡免費

◎從Cais do Sodré火車站前搭乘15號電車，於Largo da Princesa站下

至少預留時間
以插旗打卡為主：半天
入內用心參觀：全天

略具有摩爾爾風格裝飾的貝倫塔，其實是一座擔任扼守特茹河口的5層高防禦塔，走進貝倫塔大門，首先看到的就是可安置16個大砲的壁壘，宣告它的防衛功能。

北邊角落的小塔下方，可以找到一個特別的犀牛石雕，據推測可能是當時蘇丹國王送給曼努埃爾一世的動物。

壁壘的上方是開放式平台，上面佇立著一尊勝利聖母像，這是保護航海士兵的象徵。

散步踩街

貝倫區的重要景點都很集中，步行就可以拜訪完大部分觀光客的朝聖景點。

旺季入內參觀須趁早

貝倫塔附近空曠無遮蔽物，夏季較為炎熱，且內部空間有限，螺旋梯採上下時間管控方式，旺季參觀人潮多，建議一大早就前往排隊。

混合著早期哥德、北非阿拉伯和曼努埃爾式風格，塔身上能找到許多曼努埃爾式的裝飾，例如環繞塔身的粗繩索和繩結雕刻，耶穌十字和動植物的裝飾等。

以海洋為背景的貝倫區，洋溢著放眼世界的豪情壯志，見證葡萄牙曾經有過的輝煌歲月～

發現者紀念碑
MAP P.39 F1
Padrão dos Descobrimentos

佇立在傑羅尼摩斯修道院正前方的發現者紀念碑，是1960年為紀念國王航海家亨利(Infante Dom Henrique, 1394~1460)逝世500週年而建。紀念碑上除了葡萄牙的國徽外，為首昂然引領眾航海家的，是手抱三軌帆船的亨利王子。

🚋從Cais do Sodré火車站前搭乘電車15號，於Mosteiro dos Jerónimos站下 🏛Av. Brasília ☎213-031-950 ⏰10:00~19:00(10~2月至18:00) ⊗1/1、5/1、12/24~25、12/31 💰觀景台與展覽全票€10，優待票€5起，12歲以下免費 🌐padraodosdescobrimentos.pt🎫里斯本卡免費

紀念碑東側的重要人物由左而右依序為：半跪著的阿方索五世(Afonso V, 1432~1481)，他率先將非洲納入了葡萄牙帝國；第3位是開拓印度航線的探險家達迦瑪(Vasco da Gama,1460~1524)、第4位是發現了巴西的佩德羅卡布拉爾(Pedro Álvares Cabral,1467~1520)；而第5位則是首渡太平洋，完成世界航行的航海家麥哲倫(Magellan)；最後一位跪坐雙手合十的，則是前往國外宣教的傳道士法蘭西斯科沙維爾。

高56公尺、純白船身造型的發現者紀念碑，是特茹河口最醒目的焦點。航海大發現時期的航海家和貢獻者望向海洋，像凝視著那段不能抹滅的榮光歷史，也像似要提醒葡人繼續探險未來。

紀念碑前方的廣場地面上，有一個大型的航海羅盤圖案，這是1960年由南非贈送給葡萄牙的禮物。

羅盤正中央則有代表葡萄牙在15和16世紀航海發現的路線圖，仔細找找，還能找到以比例尺來說面積過大的台灣喔！

📖 傑出的航海家、失敗的外交官

奉國王曼努埃爾一世命令出海尋找印度的達迦瑪，於1498年完成此項壯舉，成功抵達印度南部港口卡利卡特(Calicut)，成為歷史上第一位從歐洲航海到印度的人！但打著基督教與貿易名義出航的他，卻在沿途樹敵無數，每次停靠非洲和亞洲的港口總是與當地統治者發生衝突，更常以槍砲攻擊對方，只因為他覺得對方非基督徒其心必異。甚至之後於1502年率隊返回曾經交惡過的卡利卡特時，轟炸並絞殺當地的異教徒與漁民，強硬的作風讓他被冠上「武力至上的問題調停者」封號，使得葡萄牙在亞洲聲名狼藉，也影響了往後葡萄牙人與印度洋各國的關係。

國立馬車博物館
Museu Nacional dos Coches

MAP P.39 F1

最古老的是17世紀西班牙國王飛利浦二世和葡萄牙國王使用的馬車，最華麗的是若昂五世送給教宗克勉11世(Pope Clement XI)的馬車，這三輛馬車於1716年在羅馬製造，都有炫目的金漆神話雕像，表現義式巴洛克風格。

內部有世界上最豐富的古代馬車收藏，包括16~20世紀以來葡萄牙、法國、義大利、奧地利及西班牙等國王公貴族所乘坐過的華麗四輪馬車，皇冠造型馬車、遊行專用和節慶專用馬車，甚至有教皇遠從羅馬到里斯本所乘坐的馬車。此外，也展出當時的各種消防設備和消防車。

🚋從Cais do Sodré火車站前搭乘電車15號，於Belém站下 🏛Av. da Índia 136 ☎210-732-319 🕐10:00~18:00 🚫博物館週一(馬術學校週二)、1/1、復活節週日、5/1、6/13、12/24~25 💶博物館全票€8、馬術學校€5 🌐www.museudoscoches.gov.pt/en 🎫里斯本卡免費

名為Oceanos的馬車中間是阿波羅，左右分別為春神和夏神，下面握手的雕像分別代表大西洋和印度洋。

©Wikimedia Foundation

在一輛19世紀的黑色馬車上還能找到兩處彈痕，這輛車被稱為Landau do Regicidio，見證了1908年國王卡洛斯一世及王儲回宮途中遭暗殺身亡的歷史。

Did YOU KnoW

以一束鮮花奮力阻止刺客的皇后

在葡萄牙君主制搖搖欲墜的 1908 年，國王卡洛斯一世及王儲在乘坐馬車途中被激進的共和派人士持槍射殺，在第一槍命中國王後，發現事態不對的皇后奧爾良的阿美莉 (Amélie of Orléans) 情急之下只能用自己手上的一束鮮花作為武器，一邊奮力拍擊兇手、一邊大聲喝斥怒罵試圖干擾他，可惜槍手還是再度射殺了她的兒子王儲路易斯菲利佩 (Luís Filipe)。這次的暗殺事件迅速登上歐洲各國的媒體頭條，不顧自身安危與槍手對抗的皇后成為事件裡最具代表性的形象，可惜再多的讚揚也喚不回丈夫跟兒子的性命。

阿美莉皇后最終於 1951 年死於法國。她留下一句遺言：「Quero bem a todos os portugueses, mesmo àqueles que me fizeram mal(願 天下所有葡萄牙人幸福，即使是那些曾經傷害過我的人)」，結束了她戲劇化的人生。

里斯本：貝倫區和貝倫塔

是什麼樣的美味讓挑嘴的葡萄牙人鍾愛這家店？又是什麼樣的魔法秘方讓世界各地的旅客甘願為此排隊？

Pastéis de Belém

糕餅

 Rua de Belém 84-92

葡萄牙自由運動解散許多修道院和教堂之際，原本在修道院負責製作甜點的修士和修女為了討生活，便在市場上販賣蛋塔，其中最著名的一種蛋塔秘方來自傑羅尼摩斯修道院西妥會的修士。而1837年的一位商人多明哥(Domingos Rafael Alvés)當機立斷地買斷蛋塔秘方，在修道院旁開啟這家葡式蛋塔創始店。

P.39F1 從Cais do Sodré火車站前搭乘電車15號，於Mosteiro dos Jerónimos站下 213-637-423 08:00~22:00 pasteisdebelem.pt

品嘗原味後，別忘了撒點桌上提供的肉桂粉，讓味覺的層次提升至另一個境界！

貝倫蛋塔體型較小，塔皮沒有台式般的酥脆，比起葡萄牙其他地方的蛋塔，稍微有咬勁與麵粉香氣。微微溫熱的內餡入口即化，濃濃的蛋黃與奶味在口腔內爆炸，足以顛覆你從前對蛋塔的認知。

must eat!
蛋塔
約€1.4
推薦菜

走進修道院迴廊的那一刻，除了讚嘆，也找不到第二種情緒了！**蜂蜜色石灰岩**在雕刻家的手中，竟如**工筆畫般細緻**、**如蕾絲般優雅**～

造訪傑羅尼摩斯修道院理由

① 精緻的曼努埃爾式建築典範

② 1983年被列入世界文化遺產

里斯本：傑羅尼摩斯修道院

✚ MAP P.39 F1 傑羅尼摩斯修道院
Mosteiro dos Jerónimos

里斯本卡免費！參觀人潮眾多，即使持票也需要排隊入場喔～旁邊教堂開放免費參觀！

　　為了紀念達迦瑪發現前往印度的航海路線，曼努埃爾一世(Manuel I)下令建造這座偉大的建築，原本是皇室家族舉行葬禮的陵寢，完工後也作為當時即將出海冒險和征戰水手的心靈祈禱聖地。

　　修道院的興建從1501年開始，直到1572年才完工，建築材料來自當地盛產的石灰岩，設計之初極具曼努埃爾式風格，由西班牙人João de Castilho接手後，轉為早期的文藝復興建築特色，而後在19世紀時又加上了新曼努埃爾式的西翼和鐘塔。

　　當1833年葡萄牙的自由主義運動發生時，所有宗教都被驅逐，一直到1940年前，傑羅尼摩斯修道院都被當作孤兒院和學校使用。

里斯本：傑羅尼摩斯修道院

傑羅尼摩斯修道院是經典曼努埃爾式
(Manuaine)建築典範，同時也在1983年被
聯合國教科文組織列入世界遺產。

◎從Cais do Sodré火車站前搭乘電車15號，於Mosteiro dos Jerónimos站下

至少預留時間
只想打卡拍照：1小時
仔細欣賞：2小時

⌖Praça do Império ☎213-620-034
◷修道院09:30~18:00，教堂10:30~17:00(週日與宗教節日14:00起) ⊗週一、1/1、復活節週日、5/1、6/13、12/25
⑤全票€12，優待票€6，教堂免費
ⓦwww.museusemonumentos.pt ⊛里斯本卡免費

精雕細琢的龐大工程需要大量精力與財力，曼努埃爾一世投入當時印度航線的香料稅收，才得以支付工程款項。

修道院不只**頗具規模**，精雕細琢中更是藏著不少趣味，如果點點滴滴觀察下去，**兩個小時很可能不夠喔**！

里斯本：傑羅尼摩斯修道院

迴廊
Cloister

前後歷經3任建築師，1541年才完工的修道院迴廊是傑羅尼摩斯修道院的精華。上下兩層四方迴廊圍繞中庭，繁複華美的浮雕纏繞每一吋圓拱窗廊。

細細欣賞，宗教聖者、皇室家徽、花鳥藤蔓、中世紀神獸、以及曼努埃爾式設計中獨有的航海元素都成了欄杆圓柱上的主角，著實令人大開眼界！

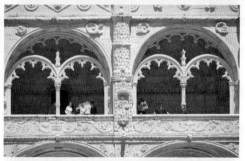

大門上方佇立抱著聖嬰的貝倫聖母像，兩扇門之間的柱頂則是恩里克王子。

正上方弧形頂飾的半浮雕描述聖傑羅尼摩斯的故事，左邊雕刻聖傑羅尼摩斯拔出獅子腳上的荊棘，並和獅子成為朋友；右邊是他在沙漠中苦行。

南方大門
Portal Sul

南方大門是João de Castilho最傑出的作品，層層疊疊的山形牆和小尖塔堆砌華麗細緻，高32公尺、寬12公尺的石灰岩牆面遍佈繁複的雕刻。

西門
Porta Oeste

　　出自法國雕刻家尼古拉尚特雷特(Nicolau Chanterene,1470~1551)之手，大門口左側是國王曼努埃爾一世的雕像，右側是皇后瑪麗亞的雕像。

門口上方雕刻著3則聖經故事：天使預告瑪麗亞、耶穌誕生，以及東方3博士的朝拜。

石棺
Tombs

　　葡萄牙歷史上的兩位著名人物沈睡於教堂第一根樑柱下，6隻石獅子托起他們的靈柩，接受世人瞻仰，左側是1489年開闢東方航線，抵達印度的航海家達迦瑪(Vasco da Gama)，右側是創作史詩《盧西塔尼亞人之歌》的16世紀詩人賈梅士(Luís Vaz de Camões)。

中殿祭壇由石象托負的是國王曼努埃爾一世和瑪莉亞皇后、若昂三世和卡達琳娜皇后的石棺。

柱子上雕刻著以大海為主題的華美雕飾，交錯的拱門為教堂內部創造了獨特的空間感。

聖瑪莉亞教堂
Igreja Sta. Maria Belém

　　教堂內共由一個正廳與兩個側廳組成，廳內的柱子像極了椰子樹般長進了屋頂，並在屋頂上形成了無數了幾何圖形網絡，煞是美麗。

暫時想不到要吃什麼的話，不如走一趟**里貝依拉市場**找靈感吧！還有阿爾圖與西亞多區，也可以找到驚喜呦～

MAP
P.39
C3

里貝依拉市場
Mercado da Ribeira

典雅的圓頂建築下，上午是傳統批發市場的主場，販售生鮮蔬果、食材、花卉、乳酪等民生必需品，攤販吆喝叫賣聲此起彼落；另一邊美食街自2014年由英國Time Out雜誌接手經營，延攬在地名廚及代表性餐廳進駐，從中午開始一路喧囂至深夜。

🚇地鐵綠線至Caís do Sodré站下，步行約3分鐘 🏠Av. 24 de Julho ☎210-607-403 🕙10:00~00:00 🌐 www.timeoutmarket.com

不管是最傳統的葡萄牙式餐點、當日最新鮮的海味、漢堡輕食、小酒吧、或是中式、泰式、義式等各國料理都能找到，滿足所有人的口腹之慾。

Did You Know

CONSERVEIRA DE LISBOA
Armazenistas de conservas

當位於里貝依拉市場內的老字號店鋪
Conserveira de Lisboa

從1930年開業至今，主要販賣各式魚罐頭，近來開發出琳瑯滿目的特殊口味沙丁魚與海鮮罐頭，品項讓人眼花撩亂。依外包裝圖案分為3種品牌：女人頭像的**Tricana**是該店的熱銷商品，有著貓咪圖案的**Minor**是便宜划算的選擇，至於帆船圖案的**Prata do Mar**屬於冷門另類口味。充滿葡萄牙特色，可作為最佳伴手禮。

阿爾圖與西亞多區
Bairro Alto & Chiado

MAP
P.39
C2、D2

阿爾圖與阿爾法瑪同屬於里斯本最古老的區域。Bairro Alto的意思就是「上城」，位於羅西歐廣場西側的山丘上，16世紀努埃爾一世將宮廷從聖喬治城堡搬遷到商業廣場，城市範圍隨之擴充，才開始發展此區。

🚇地鐵Baixa-Chiado站下，步行約5分鐘

阿爾圖區沒有太多吸引人的景點，最迷人的時刻是入夜之後，以賈梅士廣場（Largo Camões）為起點，小巷弄裡餐廳、酒吧杯觥交錯，歌手激動吟唱法朵動人旋律，人聲鼎沸直到深夜不息。

拜薩區和阿爾圖之間的小區域被稱為西亞多，這裏有最時尚的服飾精品店，也有延續傳統的百年老店，特別是Rua Garrett和Rua do Carmo兩條街，新舊混合的購物區總是吸引無數血拼遊客。

里斯本：如果有更多時間

埃斯特雷拉教堂
Basílica da Estrela

MAP P.39 A2

18世紀的葡萄牙女王瑪麗亞一世曾向天許願，如果她能生下一個兒子並且成了王位的繼承人，她將建造一座教堂還願。她的願望果然得到了上天的應許，於是教堂於西元1779年開工，一直到1790年才完工；然而她的兒子卻不幸於1788年死於天花。

🚋搭乘28號電車於Estrela站下車，步行約2分鐘 ⌂ Praça da Estrela ☎213-960-915 🕐09:00~13:00、15:00~19:45

教堂位於阿爾圖區西邊的埃什特雷拉廣場上(Praça da Estrela)，從很遠的地方便能瞧見這座巨大的圓頂教堂。

教堂外部與內部皆使用了粉色與黑色的大理石，光線由華麗的圓頂落下，使得內部空間神聖非凡。祭壇的左側則放置著瑪麗亞一世的石棺。

在阿爾圖區和新城區，也有許多排隊名店，追逐美食的你應該很樂意加入排隊陣容～

Taberna Da Rua Das Flores
傳統葡式料理

主菜
€11~16
推薦菜

🏠 Rua das Flores 103

營業時間還沒開始，門口已經有好幾組人排隊，想要了解這家本地人和美食雜誌都推薦的餐館，沒有一點耐心還真的品嚐不到！小餐館充滿濃濃的老式酒館風味，一入座，服務人員立刻搬來小黑板，熱情的解說今日提供的餐點，能吃到什麼就看當天拿到哪一種當季新鮮食材，主要提供葡萄牙從南到北的傳統料理，餐點和調味不訴求創新，卻能感受到主廚面對食材的用心。

📍P.39C3 🚇地鐵綠線或藍線於Baixa-Chiado站下，步行約10分鐘 ⏰12:00~23:30(週日至18:00)

Manteigaria
葡式蛋塔

蛋塔
約€1.3
推薦菜

🏠 Rua do Loreto 2

里斯本三大蛋塔名店之一，總店位於賈士梅廣場旁，而分店在里斯本的Time Out Market與波爾圖(Porto)都各有一家。Manteigaria是受到當地人推薦的蛋塔店，店門口總是排著人龍。蛋塔口味上較甜，塔皮酥脆，內館蛋香與奶油都較濃郁。狹長型的店面沒有座位，只能立食，可以點杯咖啡，一邊吃一邊隔著玻璃欣賞蛋塔製作過程。

📍P.40B2 🚇搭乘地鐵於Baixa-Chiado站下，步行3分鐘 ☎213-471-492 ⏰08:00~00:00 🌐manteigaria.com

Casa da India
葡式料理

葡式烤雞
約€9
推薦菜

🏠 Rua do Loreto 49

歷史悠久的老店印度之家(Casa da India)賣的不是印度菜，而是道地的葡式料理。餐廳位於上城區賈梅士廣場附近，走在狹小的人行道上，往往會被窗內排滿的燒烤食物吸引，內部裝潢樸實，菜色多樣，從葡式烤雞(Piri-piri Chicken)、各式海鮮如魚、蝦、章魚，以及肉類等等各種選擇，最大賣點為價格實惠、上菜迅速，因此總是客滿。

📍P.40B3 🚇搭乘地鐵於Baixa-Chiado站下，步行約3分鐘 ☎213-423-661 ⏰12:00~01:00 🈹週日

Cervejaria Ramiro
海鮮料理

橄欖油泡大蒜蝦仁 約€14.5 推薦菜

🏠 **Avenida Almirante Reis 1- H**

以海鮮料理為主的名店，也是里斯本的人氣排隊餐廳之一，特別受當地人與遊客的青睞。餐廳的料理大都以橄欖油、焗烤方式料理，然而海鮮新鮮，口味濃郁，是海鮮控必訪之地。必點菜單包括焗烤橄欖油老虎蝦(Gamba Tigre Grelhada)，價格以秤重計費，巨大的老虎蝦僅以橄欖油和鹽調味，肉質鮮甜，蝦醬濃郁，讓人難忘。此外，橄欖油泡大蒜蝦仁(Gambas al ajillo)、大蒜蛤蜊 (Amêijoa Bulhão Pato)也是必點料理，就連桌上沾有橄欖油的烤麵包，也讓人驚奇於其平凡的美味。建議晚餐最好提早前往，避開用餐人潮，在餐廳入口處可領取排隊號碼牌，這裡竟提供8種語言的選擇，可見有多熱門。

📍P.40C1 🚇搭乘地鐵於Intendente站下，步行約5分鐘 📞969-839-472 🕐12:00~00:00 週一、聖誕假期
🌐www.cervejariaramiro.com

Solar Dos Presuntos
葡萄牙北方菜

龍蝦大蝦飯 約€34.5 推薦菜

🏠 **Rua das Portas de Santo Antão 150**

如果你想在舒適的空間內享受一頓美食，當地人推薦的葡式料理老店，絕對是首選。店內空間舒適，牆上更是掛著許多與顧客與名人合照的照片。經營達50年的餐廳以葡萄牙北方Minho地區菜系為主。雖然天花板上掛著一隻隻的煙燻火腿很誘惑人，但這裡是以出色的海鮮、魚類以及烤肉而聞名，必點菜色包括海鮮飯、烤大蝦、烤鱸魚等。

📍P.40B1 🚇搭乘地鐵於光復廣場(Restauradores)站下，步行5分鐘 📞213-424-253 🕐12:00~15:30、18:30~23:00 週日🌐www.solardospresuntos.com

購物建議

紀念品店大多集中在**羅西歐廣場**周圍，找名牌不妨到**西亞多或自由大道**，想找個性化商品，到**阿爾法瑪**的巷子裡繞繞囉～

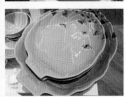

Vista Alegre
MAP P.40 B3

葡萄牙國寶品牌的歷史要從1824年說起，創辦人José Ferreira Pinto Basto獲得國王若昂六世頒發的皇家許可證開設工廠，很快成為皇家御用瓷器，得到皇家工廠的頭銜。Vista Alegre的瓷器如藝術品精緻，手繪圖樣細膩典雅，英國的伊莉莎白女皇與西班牙國王胡安·卡洛斯也都是愛用者。除了高不可攀的天價系列，Vista Alegre還是有一些平價商品，例如以里斯本和波爾圖為主題的城市系列，就很適合入手。此外，在哥倫布購物中心內也還有另一間分店。

🚇地鐵於 Baixa-Chiado站下，步行約3分鐘 📍Largo do Chiado 20-23 📞213-461-401 🕐10:00~20:00
🌐vistaalegre.com

Loja das Conservas
MAP P.40 B3

Loja das Conservas像是一間收藏魚罐頭的博物館，超過300種的魚罐頭穿上五顏六色的外包裝，讓人眼花撩亂，不知從何下手。Loja das Conservas網羅葡萄牙從南到北的知名魚罐頭品牌，以精品的規格陳列，搭配各自的品牌故事，繞店一圈，就像完成了一趟葡萄牙縱貫旅程。最受歡迎的是沙丁魚和魚卵罐頭，其他還有鮭魚、鯖魚、鰻魚，又依照不同調味方式，分為橄欖油漬、鹽漬、茄漬等。

🚇地鐵綠線至Cais do Sodré站下，步行約5分鐘 📍Rua do Arsenal 130 📞911-181-210 🕐10:00~20:00(週五至21:00)

里斯本：購物建議

Lisbon's Tiles

MAP P.40 D2

如果工廠大量製作的紀念品磁磚已不能滿足你,聖喬治城堡旁邊的小店Lisbon's Tiles,就是那顆點燃興奮感的靈藥。Lisbon's Tiles由一對藝術家姐妹共同經營,裡面陳列的都是獨一無二的手作紀念品,陶土是她們的創意畫布,逗趣小貓、蕾絲圖案的沙丁魚、細緻綻放的花朵都成了牆壁上的主角。

🚋電車12號於São Tomé站下 ⌂Rua do Salvador 56
🕙10:00~20:00

Embaixada - Concept Store

MAP P.40 A1

王儲花園附近的時尚街區中,最具代表性的建築莫過於這座19世紀的阿拉伯宮殿Ribeiro da Cunha Palace,如今搖身一變,成了時尚的購物中心,以及混合著中東風情的咖啡館與餐廳。圍繞著中庭的店家包括了男裝、女裝、精品珠寶、皮件、童裝等各種領域近20種品牌。在建築遺產中逛街購物,就算空手而返也是一種享受。

🚌可搭乘巴士202、758、773號於王儲花園(Príncipe Real)站下,步行約2分鐘 ⌂Praça do Príncipe Real 26
☎965-309-154 🕙12:00~20:00 🕸embaixadalx.pt

哥倫布購物中心 Centro Colombo

MAP P.39 A1

喜歡逛街的人,最好留下充分的時間給里斯本規模最大的哥倫布購物中心,超過310間商店,將葡萄牙、西班牙以及國際知名品牌一網打盡,而Hypermarket等級的大型超市CONTINENTE商品種類齊全,相當適合採購伴手禮,當然,退稅服務已是必備條件。不同於一般購物中心的現代時髦裝飾,哥倫布購物中心結合許多航海主題的佈景,例如葡萄牙航海路徑的地球儀、懸掛天空的飛船等,血拼之餘不妨欣賞一下。

🚇地鐵藍線於Colégio Militar/Luz站下 ⌂Av. Lusíada
☎217-113-600 🕙08:00~00:00 🕸www.colombo.pt

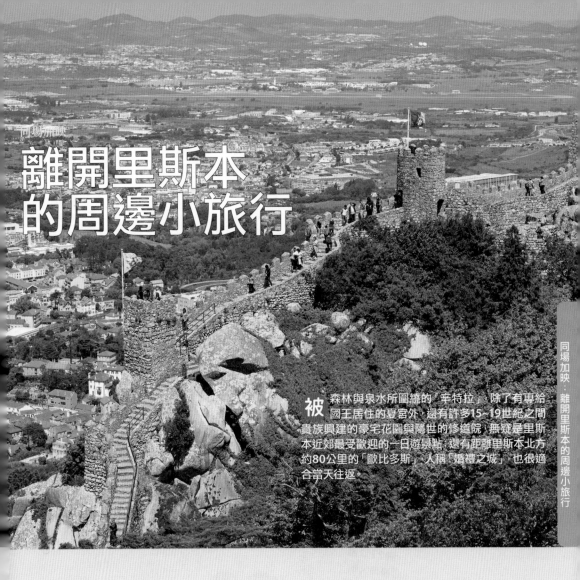

離開里斯本
的周邊小旅行

被 森林與泉水所圍繞的「辛特拉」，除了有專給
國王居住的夏宮外，還有許多15~19世紀之間
貴族興建的豪宅花園與隱世的修道院，無疑是里斯
本近郊最受歡迎的一日遊景點，還有距離里斯本北方
約80公里的「歐比多斯」，人稱「婚禮之城」也很適
合當天往返。

歐比多斯
Obidos

葡萄牙
Portugal

辛特拉
Sintra

里斯本
Lisboa

里斯本小旅行車程

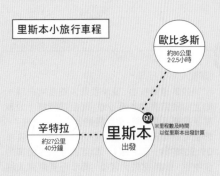

歐比多斯
約86公里
2-2.5小時

辛特拉
約27公里
40分鐘

里斯本
出發 GO!

※里程數及時間
以從里斯本出發計算

搭火車不用1小時可達，
一日來回剛剛好！

同場加映：離開里斯本的周邊小旅行

\推薦1/

距離里斯本

約27公里

搭乘火車

約40分鐘

👁 MAP P.87 　辛特拉
　　　　　　Sintra

避開人潮要趁早

辛特拉的道路狹小，夏季觀光人潮常常把唯一的上山道路擠得水洩不通，光是排隊搭上公車就要花掉不少時間，更別提路上的塞車狀況了。想盡可能避開觀光人潮，最好能搭09:15(淡季09:30)的第一輛公車，一口氣直接前往山頂的佩納宮，參觀完佩納宮後，再步行至摩爾人城堡，最後可選擇從摩爾人城堡內的健行小路散步30分鐘回舊城區，或是搭乘公車下山。

如何前往

◎火車

從里斯本出發前往辛特拉最方便的方式就是火車，出發站於羅西歐火車站(Rossio)，搭乘通勤火車，直達車約40分鐘，每半小時一次。

火車站在舊城區東方1.5公里的Estefânia區域，步行前往舊城約20分鐘，也可搭乘觀光巴士434號前往。

· 葡萄牙國鐵

🌐www.cp.pt

雙腳+巴士輕鬆搞定

辛特拉國家王宮周圍的舊城區相當適合徒步逛街，但前往佩納宮或摩爾人城堡的路途較遠，且沿途都是上坡路段，需要一點體力，可以搭乘Socctturb營運的循環觀光巴士434號前往。

巴士434號繞行於火車站、辛特拉國家王宮、摩爾城堡、佩納宮之間，營運時間約為09:00~19:00，約15分鐘一班次，繞行一圈票價€7.6，可隨意上下車。此外，若當天計畫前往雷加萊拉莊園(Quinta da Regaleira)和蒙塞拉特宮(Monserrate Palace)，建議購買一日周遊票€13.5，可搭乘巴士435號前往。

· **Socctturb巴士**

🌐 www.scotturb.com

· **辛特拉和卡斯卡伊斯一日交通券**

Sintra E Cascais Bilhete de 1 Dia

這是葡萄牙國鐵發行的一日交通券，儲值在Navegante交通卡內，包含里斯本羅西歐火車站往來辛特拉的火車、里斯本Cais de Sorde火車站往來卡斯卡伊斯的火車、以及辛特拉區域的Socctturb巴士。

💲€16(線上購票€14)，可於羅西歐或Cais de Sorde火車站售票櫃台購買。

· **葡萄牙國鐵**

🌐 www.cp.pt/passageiros/en/discounts-benefits/Benefits-and-special-offers/train-bus-ticket

info

◎**火車站遊客中心**

📍 **Av. Dr. Miguel Bombarda**

☎ 211-932-545

🕐 09:00~13:00、14:00~17:30

🌐 visitsintra.travel、www.sintraromantica.net

◎**舊城遊客中心**

📍 **Pç. da República 23**

☎ 219-231-157

🕐 10:00~18:30

◎**羅卡角遊客中心**

📍 **Cabo da Roca, Colares**

☎ 219-238-543

🕐 09:00~19:30(10~4月至18:30)

　鬱鬱蔥蔥的森林環繞童話中的城堡，摩爾人的城牆如巨龍盤據山頭守護城鎮，漫步山麓小鎮，匠心獨具的藝術品和工藝品將道路兩邊點綴的色彩繽紛，誰都不能否認，辛特拉是葡萄牙最浪漫的古典山城，連英國浪漫派詩人拜倫(Lord Byron)也在他的遊記中讚譽辛特拉為「伊甸園」！

　辛特拉的旅遊重點集中在以辛特拉國家王宮為中心的舊城(Sintra Vila)，一般遊客時間有限下，僅能探訪佩娜皇宮、摩爾人城堡、舊城內的博物館與商家等。如果預計停留兩天，還能搭乘巴士繼續造訪神秘的雷加萊拉莊園、歐陸最西端的羅卡角呢！

同場加映：離開里斯本的周邊小旅行

色彩飽和的亮黃、赭紅、粉紫宮殿佇立山頭，搭配葡萄牙湛藍澄淨的天空，像頑皮的精靈在森林中打翻了調色盤。佩娜宮的奇幻混搭風格，比迪士尼城堡還不真實。

① 佩娜宮
Palácio Nacional da Pena

佩娜宮建於19世紀，由當時年輕的瑪莉亞二世皇后(Maria II)的夫婿費迪南二世(Don Fernando II)和德國建築師Baron Von Eschwege所設計。原址是一座聖母禮拜堂，西元1503年，曼紐一世國王(King Manuel I)非常喜歡這裡，於是下令擴建成一座修道院，1755年的里斯本地震將修道院變成廢墟，直到費迪南在1838年將它買下後，才開始整修並增建新宮殿。

費迪南本身即是一名水彩畫家，同時十分熱忱新事物和藝術，受到萊茵河畔Stolzenfels和Rheinstein城堡的靈感啟發，加上天馬行空的想像力，完成這座綜合德國新哥德、曼努埃爾式、文藝復興、摩爾式元素的建築風格萬花筒，浪漫主義建築的典範實至名歸。

🚉P.89B3 🚌火車站前搭巴士434號至皇宮售票口下，由國家王宮沿健行步道前往約2公里，沿途為上坡；從車站步行約1小時 🏠Estrada da Pena ☎219-237-300 ⏰皇宮09:30～18:30、公園09:00～19:00 休1/1、12/25 💲全區全票€20、優待票€18；公園全票€10、優待票€9。網上訂票有85折優惠 🌐www.parquesdesintra.pt ❶須事先購票並在預定時間內前往參觀

入口拱門(Entrance Arch)帶有鋸齒狀鉚釘裝飾，迎接著宮殿入口處的遊客。後方的建築物被漆上了水仙花鵝黃的美麗顏色，穿過拱門就是前往露臺的通道。

新曼努埃爾風格的崔萊頓拱門(The Triton Arch)上方有著兇猛的崔萊頓守衛著,崔萊頓是希臘神話中人身魚尾的海神,周圍裝飾著貝殼、珊瑚的造型。

阿拉伯室(Sala dos Árabes)為宮殿中最吸睛的房間之一,華麗與奇妙的線條覆蓋了天花板與牆壁,造成了一種視覺錯覺,東方元素也是浪漫主義的靈感來源之一。

用來籌備宴會的皇家廚房(Kitchen)中仍留有原始的銅製器具,上面並標示有PP佩納宮縮寫字母,遠方的角落可看到烤箱與爐灶。

擁抱皇宮最美視野的皇后露台(Terraço da Rainha)。

富麗堂皇的接待大廳(Hall)搭配著德國的彩色玻璃窗、珍貴的東方瓷器,最初被用來做為接待各國使節使用。

除了皇宮建築本身,包圍佩納宮的廣闊森林都屬於皇室後花園,85公頃的山丘包含數個浪漫主義式花園、湖泊、溫室、農場等。

同場加映:離開里斯本的周邊小旅行

🔊 里斯本卡9折!

皇宮的室內裝潢也同樣風格混搭到不可思議的程度,例如Amélia皇后精雕細琢的房間,摩爾式花紋填滿天花板和牆壁,卻搭配巴洛克式傢俱。

Did YOU KnoW

從售票口到皇宮入口會經過一小段花園,可搭乘接駁車(來回€3),散步前往約10分鐘,沿途綠蔭遮蔽,相當舒服。參觀皇宮須事先於網站購票且在預定的日期與時段內進入,旺季時可能需要排隊30~60分鐘,建議提早前往。若未能在預定時間內進入,也無法退票喔~

由修道院食堂改建的餐廳內,可以看到珍貴的曼奴埃爾式天花板搭配19世紀磁磚。

鋪滿阿拉伯磁磚的16世紀修道院迴廊(The cloister)。

② 辛特拉國家王宮
Palacio Nacional de Sintra

原本是摩爾人建給居住在里斯本政府首長的住家，1147年第一任葡萄牙國王阿方索(Afonso Henriques)收復里斯本後，這裡就成了葡萄牙國王的宮殿。1281年狄尼斯一世(Dinis I)開始第一次的修建，之後一直到16世紀中葉前，又陸續經由若昂一世(Joān I)和曼努埃爾一世(Manuel I)的擴建，才造就今日的規模。

🔺P.89B1 🚌火車站前搭巴士434號或435號至國家皇宮門口下，或火車站步行前往約20分鐘 🏠Largo Rainha Dona Amélia ☎219-237-300 🕐09:30~18:30(售票處12:00~13:00休息，可使用自動售票機) 🚫1/1、12/25 💲皇宮全票€13、半票€10，花園免費。里斯本卡9折 🌐www.parquesdesintra.pt

同場加映：離開里斯本的周邊小旅行

辛特拉舊城區紅瓦白牆的屋舍中心，兩隻像冰淇淋餅乾圓筒倒放的大煙囪搶走視覺焦點，國家王宮用空間寫下辛特拉長達千年的歷史，也是聯合國於1995年指定的世界文化遺產。

細覽國家王宮內部，可以看到摩爾式和曼努埃爾建築的風格，回顧15、16世紀葡萄牙的家具與磁磚等設計，最精采的包括有保存葡萄牙最古老磁磚的阿拉伯室(Sala dos Árabes)。

天鵝廳(Sala dos Cisnes)描繪著27隻形態各異的天鵝，需要抬頭欣賞。

有此一說～

什麼叫做欲蓋彌彰～

這間由若昂一世興建的皇宮在裝潢上與主人生活息息相關，「天鵝廳」據說就是因為若昂一世十分寵愛的女兒伊莎貝爾公主(Isabella)在27歲那年遠嫁勃艮第公爵，思女心切的若昂一世因此於此廳天花板繪製了27隻伊莎貝爾公主最喜愛的白天鵝以為慰藉；而「鵲廳」背後典故更有趣，相傳是若昂一世與一位宮女接吻被皇后抓到，宮裡開始流言蜚語不斷，國王不堪其擾，就找畫師在天花板畫上與宮女人數一樣的146隻喜鵲，喜鵲爪上抓著一朵皇后菲利帕娘家英國蘭開斯特王朝(House of Lancaster)的家徽紅玫瑰、嘴上啣著寫有「POR BEM(For Good)」的絲帶，要這些愛嚼舌根的宮人們別再議論此事了，但若昂一世恐怕沒想到他的這個舉動反而讓這則八卦流傳後世啊～

Did YOU KnoW

起士塔與杏仁枕頭酥

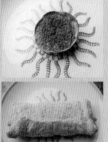

外皮脆薄、內餡帶有甜味與淡淡鹹味的起士塔(Queijada)，是辛特拉最知名的點心，從13世紀開始流傳，使用新鮮起士、糖、麵粉製成，口感香甜，很受當地人喜愛。而另一種杏仁枕頭酥(Travesseiro)以摺疊7次的酥皮包裹蛋黃杏仁餡，再灑上糖粉，也有很高的人氣。市區周圍有許多口味正宗、受到當地人喜愛的名店。

Café Saudade
🔵P.89B1 🏠Av. Dr. Miguel Bombarda 6
📞212-428-804 🕐08:00~19:00 ⓧ週二、週三

Casa do Preto
🔵P.89B2 🏠Estr. Chão de Meninos 40
📞219-230-436 🕐07:00~20:00(週末08:00起)

同場加映：離開里斯本的周邊小旅行

金碧輝煌的徽章廳(Sala dos Brasões)是曼努埃爾式改建的代表，鑲有葡萄牙72個貴族家族的徽章和葡萄牙皇室徽章。

接待權貴和各國大使的鵲廳(Sala das Pegas)天花板有若昂一世特別命人繪製的鳥鵲。

曾做為皇家更衣室使用的美人魚廳(Sala das Sereias)，內部的古帆船和美人魚是比較少見的裝飾圖案。

從佩納宮望向摩爾人城堡，像一條盤踞山頭的巨龍，修築在峭壁巨岩之上，擁有極佳防禦功能。

同場加映：離開里斯本的周邊小旅行

③ 摩爾人城堡
Castelo dos Mouros

摩爾人佔領伊比利半島後，大約於10世紀在此興建碉堡，1147年第一任葡萄牙國王阿方索(Afonso Henriques)擊退摩爾人時，也收復了這塊領域，目前看到的城堡結構大多是當時修築的。1775年的里斯本大地震毀壞主要建築，僅留下蜿蜒的石牆、碉堡和階梯，19世紀費迪南二世開始修復工程，1910年被列為葡萄牙國家古蹟保護。

🅐P.89B2 🚌火車站前搭巴士434號至摩爾人城堡下，由國家王宮沿健行步道前往約2公里，沿途為上坡，步行約1小時；由佩納宮步行前往約5分鐘 ☎219-237-300 🕙09:30~18:00(售票處12:00~13:00休息，可使用自動售票機) 休1/1、12/25 ⑤全票€12、半票€10。里斯本卡85折 ⑫www.parquesdesintra.pt

攀爬沿著山稜線而建的城牆，對體力是一大考驗，陡峭的階梯上上下下，有幾分迷你版萬里長城的樣貌，沒一點膽量還真不敢回頭向下看。

登上至高點御風眺望，腳下是國家王宮和辛特拉舊城，翠綠的樹林與農田向遠方延展，連接蔚藍廣闊的大西洋。

通往城堡入口的石板小路上，可以看到不少考古遺址，包含12世紀的教堂、摩爾人的住宅、以及中世紀基督教基地等。

④ 羅卡角
Cabo da Roca

羅卡角位於北緯38度47分，西經9度30分，這組數字代表歐洲大陸的最西端，而這個140公尺高的海涯上方，除了一大片生態保護區和壯觀的海岸懸崖以外，佇立著一座燈塔和一座紀念碑，面對廣闊無際的大西洋。大老遠從辛特拉來到羅卡角的人，多少都帶點前往「天涯海角」的浪漫情懷吧！如果想為這趟旅程留下證明，可以在遊客中心內購買歐洲最西端的到此一遊證明書，每份€11。

有趣的是，羅卡角雖然是歐洲大陸的最西點，卻不能說是葡萄牙的最西端，因為葡萄牙最西邊的國土其實是亞速爾群島。

🚲P.89A2 🚌火車站前搭乘巴士1624號或1253號於Cabo da Roca站下，車程約40分鐘。

從停車場出發，還有一條通往山區以及沿海的步行路線，單程約30分鐘左右。

在航海時代發現新大陸以前，這裏曾被認為是世界的最西端，紀念碑頂端是面向大洋的十字架，下方以葡萄牙文雕刻一句詩人卡蒙斯(Camões)的名言：「陸止於此、海始於斯」(Onde a terra se acaba e o mar começa)。

同場加映：離開里斯本的周邊小旅行

同場加映：離開里斯本的周邊小旅行

整個莊園約於1910年翻修完工，包括了一棟豪宅、一座小教堂以及一座擁有地下迷宮的花園。

⑤ 雷加萊拉莊園
Quinta da Regaleira

雷加萊拉莊園可說是辛特拉最具神秘色彩的地方。19世紀時，這裡曾被富有的雷加萊拉(Regaleira)家族購入，成為了名字的由來。然而真正讓它登峰造極的，是1892年買下它的巴西咖啡大亨安東尼奧奧古斯多卡瓦列蒙特羅(António Augusto de Carvalho Monteiro, 1848-1920)，他還連帶把周遭4公頃的土地一併購入，並聘請義大利建築師路易吉馬尼尼(Luigi Manini)遵照他的夢想改造，將這偌大的莊園塑造成了一個充滿神祕符號、展現其深奧興趣與熱情的世界。

安東尼奧去世後，莊園於1946年被出售，並多次轉手易主，其中包括一家日本公司，直到1997年，才被市政府購回，並於隔年向大眾開放。

🅿P.89A1　可從里斯本的羅西歐車站(Rossio)搭乘火車前往辛特拉車站，再由辛特拉車站搭乘巴士435號，在雷加萊拉莊園(Quinta da Regaleira)站下車後即達。或者由辛特拉火車站步行約25分鐘可達。　🏠Quinta da Regaleira　☎219-106-650　🕙10:00~19:30(10~3月至18:30)，最後入場為17:30　休1/1、12/24~25、12/31　💲全票€12、優待票€7，語音導覽€2。里斯本卡8折　🌐www.regaleira.pt/en　❶須事先購票並在預定時間內進入

共有5層樓的豪宅外觀融合了哥德式、曼努埃爾、文藝復興等混合的建築風格，外牆上雕刻著卡瓦列蒙太羅(Carvalho Monteiro)名字縮寫的華麗雕飾，內部則可看到有著巨大壁爐的狩獵室、國王室、圖書館、還有將辛特拉全景覽盡的陽台。

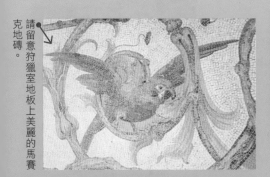

請留意狩獵室地板上美麗的馬賽克地磚。

外界對安東尼奧與神秘組織的關係有許多猜測,無論如何,他顯然對煉金術、共濟會、聖殿騎士團、玫瑰十字會、塔羅、自然與神祕主義有著濃厚的興趣。在花園各處的設計中,都能看到神話的象徵符號與聖殿騎士團標誌頻頻出現。

整座莊園宛如一個寓意深奧的遊樂園,參觀的亮點,莫過於連接大宅與花園的地下迷宮。

抵達井底後,小型的地下迷宮正式展開,沿著微亮的小燈泡,可以沿著地下通道走出去,象徵了人生起伏,柳暗花明,然而最終仍有走向光明的一日,十分耐人尋味。

利用高低地勢落差設計的啟蒙井(Poço Iniciático/Initiatic Well)深27公尺,一共9層、139階,在迴旋樓梯間,還有20多個以上的神秘壁龕。井底畫著一個八角羅盤,有著不同顏色與中心紅點,據說與煉金術的過程與階段有關。

位於大宅前方的雷加萊拉小教堂(Chapel),為羅馬天主教教堂,內部有華麗的玻璃窗與壁畫,地上有著聖殿騎士團的標誌。

雷加萊拉小教堂入口處上方,可以看到的三角形全視之眼(All-seeing Eye),在1元美金上也找得到,被視為共濟會的標誌。

只需1小時就可到達，適合安排一日遊！

推薦2

距離里斯本
約80公里

車程
約1小時

乘搭火車
約需2~2.5小時

歐比多斯
Óbidos

歐比多斯

市立博物館
Museu Municipal de Óbidos

往火車站

聖狄亞哥教堂書店
Igreja de Santiago

R. da Portada Vila

R. Josefa de Óbidos 迪雷達大街 Rua Direita

Praça de Santa Maria

主城門
Porta da Vila

聖瑪莉亞教堂
Igreja de Santa Maria

水道橋
Aqueduto

歐比多斯城堡
Castelo de Óbidos

城堡飯店
Pousada do Castelo

◎景點　🛍購物　🔺廣場　ℹ遊客中心
⛪教堂　🏛博物館　🚌巴士站

如何前往

◎火車

從里斯本Sete Rios火車站出發，搭乘地區火車約需2~2.5小時，部分車次需在Agualva-Cacem轉車，每日約14班次。火車站位於靠近城堡東北部，城門外山腳下，步行至城堡的路途風景宜人，約需15分鐘。

‧葡萄牙國鐵

🌐www.cp.pt

◎長途巴士

搭乘長途巴士前往是比較方便的方式。從里斯本Campo Grand巴士站出發，搭乘Rodotejo營運的綠線快速巴士(Rapidas Verde)，車程約1小時，約每30分鐘一班次。歐比多斯的長途巴士站就在主城門外側。

‧Rodotejo

🌐www.rodotejo.pt

info

◎遊客中心

📍P.98A1　🏠R. da Porta da Vila 16

☎262-959-231

🕐09:30~17:30(週末與假日13:00~14:00休息)

🚫1/1、12/25　🌐turismo.obidos.pt

　　歐比多斯位於里斯本北方80公里處，這個距離大西洋不遠的白色小鎮擁有「婚禮之城」的浪漫暱稱，還曾在世界十大浪漫結婚勝地中票選排名第四。歐比多斯沒有精雕細琢的大教堂和非看不可的景點，漫步在石板街道，耽溺於中世紀小鎮的恬靜，就是最美麗的時光。

Did YOU KnoW

喝櫻桃酒，吃巧克力杯

迪雷達大街上，到處都有販售被稱為Ginja的櫻桃酒，這種甜酒起源於一位修士突破傳統，將歐比多斯地區的酸櫻桃加糖發酵，浸泡釀酒，之後在里斯本和歐比多斯地區大受歡迎。

Ginja口感滑順，氣味香甜，酒精濃度約20%，適合在15~17度飲用，作為開胃酒或餐後甜酒。歐比多斯的釀酒廠商為了搭上巧克力節的順風車行銷櫻桃酒，發展出用巧克力杯裝酒的喝法，一口飲盡Ginja，再吃掉殘留美酒的巧克力杯，酒香和巧克力的甜味在舌尖混合，別有一番幸福滋味。

步行即可完勝！

舊城區面積不大，步行是最好的遊覽方式。若開車自駕前來，城門外有一座收費停車場，而對面有另一座免費停車場。

Highlights：在歐比多斯，你可以去～

1 迪雷達大街
Rua Direita

迪雷達大街是歐比多斯的忠孝東路，貫穿小鎮南北，石板街道兩旁都是紀念品店和餐廳，家家戶戶石灰刷白的牆面上，彩繪晴天藍、檸檬黃的線條，點綴明亮活潑的氣息；小窗台上花開盛艷，枝葉藤蔓攀爬牆面，創造最自然的藝術品。

📍P.98A1 🚶從主城門進入的主街

即使是熱鬧的商店街，也瀰漫獨有的浪漫情懷。

大街盡頭，有一間聖狄亞哥教堂(Igreja de São Tiago)改裝的書店，內部仍保留原來的教堂格局，知識與上帝並存，相當有趣。

對宗教藝術有興趣的話，也可以參觀18世紀市長官邸改建的市立博物館(Museu Municipal)。

同場加映：離開里斯本的周邊小旅行

Highlights：在歐比多斯，你可以去～

同場加映：離開里斯本的周邊小旅行

2 城堡與城牆 Muralhas & Castelo

南方的主城門(Porta da Vila)是通往奧比都斯鎮上的主要門戶，門廊牆壁上覆蓋著18世紀的青花磁磚，描繪耶穌受難，拱頂則彩繪花草圖案，這種雙重城門的設計是葡萄牙城堡的經典樣式。進城後順著主城門旁的階梯可登上城牆，這裡提供奧比多斯最佳的拍照角度。

🗺P.98B1

Pousada do Castelo

🚶從主城門步行約10分鐘可達 🏠R. Josefa de Óbidos 📞960-009-055 🌐castelo-obidos.pt

摩爾人興建的城牆包圍歐比多斯小巧可愛的紅瓦白牆，呈現南北走向的狹長三角形，共有6座城門，全長約1.5公里，高12公尺，可以爬上城牆繞小鎮走一整圈，只是高聳的城牆上沒有護欄，行走時需注意安全。

沿著城牆到達位於城鎮高處的城堡，這裡始建於摩爾人統治時，之後經迪尼斯一世和曼努埃爾一世整修擴建，1775年大地震時幾乎全毀，1951年開始才重整為葡萄牙第一間國營旅館(Pousada)，讓旅客體驗中世紀皇室的感覺。

站在城牆上朝東南方眺望，長長的水道橋橫跨馬路、穿越葡萄園和果園，向遠方延伸。

3 水道橋Aqueduto

這座有羅馬風格的水道橋是由16世紀凱瑟琳皇后(Queen Catarina de Áustria)下令建造，全長3公里，透過無數的高架拱門將小鎮南方Usseira的水源引入歐比多斯城內，並在城內興建數個噴泉，以供居民汲水。

🗺P.98A1 📍位於城牆外南方

航向波爾圖的偉大航道

如何前往

飛機

波爾圖的空中門戶位於城市西北方11公里處，是葡萄牙境內第二大機場，與歐洲各主要城市皆有航線往來。從台灣出發，沒有航班直飛波爾圖或葡萄牙任一城市，必須至法蘭克福、蘇黎世、羅馬、馬德里或伊斯坦堡等地轉機。

波爾圖機場 ⓦwww.aeroportoporto.pt

火車

從里斯本Santa Apolonia火車站或東方火車站出發，搭乘IC或Alfa Pendular高速火車約3~3.5小時，每小時1~2班次；從科英布拉火車站B出發的高速火車，車程約1.5~2小時，每小時2班次。城際快車IC和高速火車Alfa Pendular都只會到達舊城區東邊的Campanhã火車站，從這裏可轉乘區間車或地鐵前往聖本篤火車站(São Bento)或其他區域。購票及火車時刻表可上網或至車站查詢。

葡萄牙國鐵 ⓦwww.cp.pt

長途巴士

從里斯本巴士總站Terminal de Sete Rios出發，搭乘Rede Expresso營運的巴士，車程約3.5小時，平均每小時2班次。巴士總站Terminal Intermodal de Campanhã可由地鐵站Campanhã或火車區間車轉乘至市區各處。

Rede Expressos ⓦrede-expressos.pt

機場至市區交通

地鐵

搭乘地鐵前往市區是最方便的方式。地鐵E線(紫線)的起迄點就是機場(Aeroporto)，車站在出境大廳地下一樓，前往舊城區可在Trindade轉乘D線(黃線)到聖本篤火車站，車程約35分鐘，車票可在地鐵站的自動售票機購買。波爾圖的地鐵儲值卡叫Andante，可同時用於地鐵、巴士與電車，也可反覆加值使用，票價視通行的區域範圍而定，如果由機場前往市區的通行範圍為Z4(Zone 4)。

🕐06:06~00:42(週六05:58起、週日與假日05:57起)，約5~16分鐘一班次

💰單程€2.25、空卡€0.6

ⓦwww.metrodoporto.pt

機場巴士Aerobus

如果行李較多或是在地鐵沒有營運的時間，搭乘機場接駁巴士也很方便，還可在指定的飯店或地址接送，車程約25分鐘。100 Rumos提供機場到市區的接駁服務，須事先於網址預約。

100 Rumos

☎960-426-692 🕐機場到市區04:00~00:30

💰3人座約€31、7人座約人€45(點對點服務)

ⓦ100rumos.com

市區巴士

市區巴士601和602號都可前往市區，沿途會經過波爾圖音樂廳一帶，總站在Jardim da Cordoaria公園旁。但由於市區巴士費時且置放行李空間有限，對於攜帶大型行李的遊客較不方便。

🕐05:30~00:30，約每25分鐘1班次

💰單程€2.25 ⓦwww.stcp.pt

計程車

入境大廳外有排班計程車，機場到市區的價格約€20~30，車程約20分鐘，若行李大於55x35x20需另外加價。此外，若預算有限，在波爾圖也可選擇使用Uber手機app的叫車服務。

Uber ⓦwww.uber.com

租車

波爾圖機場內可找到各家租車公司的服務櫃台，取車地點通常位於機場附近，若事先於網上預訂，租車公司便會以小巴士接送至取車點，屆時便可辦理租車手續並取車，相當方便。建議自駕遊時，應盡量避免開車進入波爾圖市區，因為在巷道狹小且陡峭山坡路的市中心，開車壓力非常大。

波爾圖行前教育懶人包

INFO
基本資訊
人口：約24.8萬人
面積：41.42平方公里

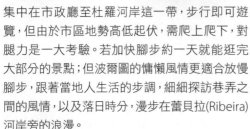

行程建議
　　波爾圖的景點大多集中在市政廳至杜羅河岸這一帶，步行即可遊覽，但由於市區地勢高低起伏，需爬上爬下，對腿力是一大考驗。若加快腳步約一天就能逛完大部分的景點；但波爾圖的慵懶風情更適合放慢腳步，跟著當地人生活的步調，細細探訪巷弄之間的風情，以及落日時分，漫步在蕾貝拉(Ribeira)河岸旁的浪漫。

市區精華散策
　　可以跟隨散步路線走訪市中心到加亞新城，探訪必看景點，包括聖本篤車站、波爾圖主教堂、路易一世鐵橋等等。下午可在加亞新城河岸旁的酒莊品嘗葡萄酒，或者返回蕾貝拉地區的餐廳，一邊欣賞日落景色，一邊用餐。

葡萄酒鄉或古城之旅
　　可以選擇搭乘郵輪或火車前往探訪杜羅河谷葡萄酒產區，或者前往北部的歷史古城布拉加、葡萄牙的誕生地吉馬萊斯等古城探索。

優惠票券
波爾圖卡Porto Card
　　除了免費參觀5間博物館、主要觀光景點的門票優惠以外，還有許多酒莊、餐廳、觀光行程等的折扣。此外，也可無限次使用公車、地鐵和地區火車。可於網路上或遊客服務中心購買。
ⓢ1日€15、2日€27、3日€32、4日€41.5
ⓦwww.portocard.city/en

觀光行程
步行導覽Walking Tours
　　想要深度了解城市歷史、軼聞趣事，不妨參加每天早上於自由廣場上開始的經典徒步導覽(Classical Free Walking Tour)，只要事先上網預約，當天在出發時間前，在集合點找到穿著制服的導覽員就可參加。行程約2.5~3.5小時，以英語進行，結束後，可依滿意度給予小費。
Porto Walkers
ⓖ同盟大道(Avenida dos Aliados)
ⓣ10:45，行程約2.5~3小時
ⓢ小費制，無基本費用，需提前網上預訂
ⓦwww.portowalkers.pt/see/walking-tour-1

美食徒步Taste Porto Food Tours
　　由當地人導覽的在地美食徒步之旅，穿越舊城區小巷弄間，拜訪當地人常光顧的小店，品嘗10種以上的道地小吃。費用包含食物與酒水，行程約3.5小時，以英語進行，需事先上網預訂。
Walk & Bites
ⓖ波尼歐市集(Bolhão market)
ⓣ221-215-635
ⓣ週一至週六10:00、16:00，行程約3.5小時
ⓢ€85、13歲以下€45，需預訂
ⓦwww.tasteporto.com/tour/downtown-food-tour
Other Side
ⓖGomes Teixeira Square
ⓣ09:30、15:00，行程約3.5小時　ⓢ€55，需提前網上預訂
ⓦwww.theotherside.pt/en/walking-food-tour-porto

葡萄酒徒步Wine Tours
　　行程將品嚐6種不同的葡萄酒，有來自杜羅河谷的紅酒與白酒，或者來自南部阿蓮特茹(Alentejo)等不同產區的紅、白、粉紅葡萄酒，行程約3小時，以英語進行，需事先上網預訂。

Be My Guest

🚇Combatentes地鐵站

🕐10:00、14:00，行程約3小時

💲€35，需提前網上預訂

🌐www.bemyguestinporto.com/wine-drinking.html

波爾圖遊船 Cruise

　搭乘遊船可以從不同角度欣賞波爾圖，遊船將穿越6座連結舊城區與加亞新城的橋樑，由橋下可看到壯麗的風景。

Porto Douro

🚇加亞新城(Villa Nova de Gaia)或蕾貝拉(Ribeira)的Estiva Quay河岸碼頭

🕐10:30~18:30每半小時一班，行程約50分鐘

💲€15~18

🌐www.portodouro.com/en/cruise/cruise-of-the-six-bridges-in-oporto

一日遊One Day Tours

　由波爾圖出發，有各式各樣的一日團體遊行程，其中最熱門的莫過於前往杜羅河谷(Douro Valley)葡萄酒產區的遊輪之旅，可在船上一邊欣賞美景一邊享用早餐，往返的交通工具可選擇遊輪或火車，中途會在小鎮雷加(Régua)或皮尼奧稍做停留，價格依選擇的交通方式而不同。此外，也有不同方式如以巴士接送的公路遊，行程多半包括當地特色午餐以及參觀葡萄酒廠與品酒費用。除了杜羅河谷外，從波爾圖出發，也有前往米尼奧地區的布拉加、吉馬萊斯一日遊行程。

Duro Best

🚇里斯本聖本篤火車站，出發至雷加

📞910-103-784(Albano Capela)

🕐行程約8~9小時，出發時間視火車時刻而定

💲€115，包含火車票、早午餐、午餐、參觀酒窖、品酒、參觀麵包與酒博物館

🌐dourobesttours.com/en

Living Tours 🌐www.livingtours.com/en

Other Side 🌐www.theotherside.pt/en

行動通訊與網路

　葡萄牙主要的手機通訊與網路營運商Vodafone，就位於機場大廳一樓，抵達後可以立即在機場購買不同上網流量與通話時間組合的SIM卡。購買時需出示護照或身分證件。若只要上網，Vodafone Go預付卡提供10天上網吃到飽的組合，價格約€15，另有15天€20以及30天€35組合。

Vodafone 機場店

🕐07:30~21:00

🌐www.vodafone.pt/internet-movel.html

旅遊諮詢

波爾圖遊客服務中心
Porto Welcome Center

📍P.106D2 🚇Praça Almeida Garret 27

📞927-411-817 🕐09:00~18:00

🌐www.visitporto.travel、visitportoandnorth.travel

主教堂遊客服務中心

📍P.106D2 📞935-557-024

🚇Cç de Dom Pedro Pitões 15

🕐09:00~18:00 🚫12/25

機場遊客服務中心

🚇Vila Nova da Telha

🕐09:00~18:00(午餐時間休息)

Did YOU KnoW

除了美酒，還有足球！

1893年成立的波爾圖足球俱樂部(Futebol Clube do Porto)是葡萄牙足球甲級聯盟的常勝軍，曾於1987年及2004年在被稱為足球最頂級賽事的歐洲冠軍聯賽奪下冠軍，目前球隊主場位於可以容納50,476名觀眾的火龍球場(Estádio do Dragão)，此球場還曾經是2004年歐洲國家盃的比賽場地之一，更被歐洲足協評為五星級足球場，雖然位於郊區但搭乘地鐵F線至Estadio do Dragao站即可到達，交通十分方便，足球迷們可別錯過啊！

波爾圖市區交通

波爾圖的景點大多集中在市政廳到杜羅河之間，步行遊覽即可，建議先遊覽自由廣場周圍的上城區，再走進舊城巷道慢慢下坡至河岸。旅客使用地鐵和公車的機率不多，但若住在較外圍的區域、前往波爾圖音樂廳、或是想從加亞新城快速回到自由廣場時，還是有機會搭乘地鐵。

優惠票券

Andante Tour卡

對於比較常使用交通工具的旅客，可以購買STCP巴士公司發行的交通卡Andante Tour卡，在有效期限內可無限次搭乘公車、地鐵、觀光電車和地區火車。分為24小時卡(Andante Tour 1)€7、72小時卡(Andante Tour 3)€15，交通卡只能在Andante售票處、火車站售票處和遊客服務中心購買。

STCP巴士 🌐www.stcp.pt/en

Andante Tour卡 🌐andante.pt/en/purchase/andante-tour

地鐵Metro

波爾圖地鐵有6條路線，主要連接市中心與廣大的都會區，分別為A、B、C、D、E、F，機場線為紫色E線。地鐵票價依距離劃分區域，除了機場在Zone 4以外，幾乎所有景點都在Zone 2範圍內，若同一天預計多次搭乘，也可購買24小時有效票券Andante 24。

第一次購票的Andante Azul空卡費用€0.6，之後可使用同一張卡片繼續購票。Andante Azul雖然有儲值卡的功能，但只能儲存車票，且一張卡片內只能儲存同一種類車票，使用完後才能購買下一種。也就是說，可以在卡片內儲存10趟的Zone 2單程票，但無法同時儲存Zone 2與Zone 3的單程票。

🕐大約06:00~01:00 💲Zone 2單程€1.4、24小時票€5.15
🌐en.metrodoporto.pt

地鐵站沒有設置閘口，進入月台前記得使用黃色感應機器刷卡！

纜車Funicular dos Guindais

沿著山坡上上下下爬行的纜車建於1891年，用於連接山丘上Batalha和杜羅河畔蕾貝拉(Ribeira)之間的交通。除了可以節省腳力和交通時間，2分鐘的旅程，從不同視角欣賞杜羅河和路易一世鐵橋的風光，觀光與體驗的目的更重要。

🕐上車購票 ⏰4~10月08:00~22:00(週五、六至00:00)、11~3月08:00~20:00(週五、六至22:00) 🚫12/25 💲單程€2.5、優待票€1.5 🌐www.stcpservicos.pt

Did YOU KnoW

懷舊電車之旅

走在波爾圖街頭，常會看到地上有電車 (Tram) 的軌道，卻見不到幾輛電車在街頭上跑！別奇怪，因為這項 1872 年開通的交通工具，現在只保留 3 條行駛路線，角色轉換成觀光電車了。

18 與 22 號電車繞行老城區 (上城)，18 號線終點電車博物館 (Museu Carro Electrico) 可轉乘 1 號水岸線。1 號水岸線從聖方濟堂教堂前出發，沿著杜羅河行駛，終點是海口處的一座小漁村——Foz do Douro，單程約 23 分鐘，雖然 Foz do Douro 沒有什麼特殊的景點，不過坐在可開窗的木頭老電車上欣賞河岸景觀，就是最懷舊的慢旅行。

🏠可上車購票，或於旅館、遊客中心購買2日票 每條路線不同，18號約09:45~18:45、1號約09:00~20:35，大約每20~30分鐘一班次 💲單程票全票€6、優待票€3.5；2日全票€12、優待票€6 🌐www.stcp.pt/en/tourism/porto-tram-city-tour

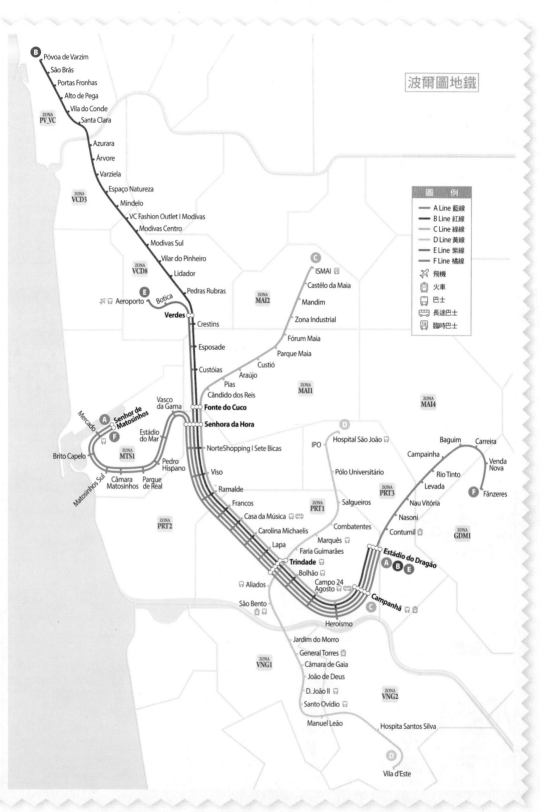

波爾圖地鐵

圖例
- A Line 藍線
- B Line 紅線
- C Line 綠線
- D Line 黃線
- E Line 紫線
- F Line 橘線
- ✈ 飛機
- 🚂 火車
- 🚌 巴士
- 🚌 長途巴士
- 🚌 腳踏巴士

B Póvoa de Varzim
São Brás
Portas Fronhas
Alto de Pega
Vila do Conde
Santa Clara
ZONA PV_VC

Azurara
Árvore
Varziela
Espaço Natureza
Mindelo
VC Fashion Outlet I Modivas
Modivas Centro
Modivas Sul
Vilar do Pinheiro
Lidador
Pedras Rubras
ZONA VCD8
ZONA VCD3

E ✈ Aeroporto   Botica
Verdes
Crestins
Esposade
Custóias
Custió
Araújo
Pias
Cândido dos Reis
ZONA MAI2

C ISMAI
Castêlo da Maia
Mandim
Zona Industrial
Fórum Maia
Parque Maia
ZONA MAI1
ZONA MAI4

Mercado
A **Senhor de Matosinhos**
F
Vasco da Gama
Fonte do Cuco
Senhora da Hora
Estádio do Mar
Brito Capelo
ZONA MTS1
NorteShopping I Sete Bicas
Viso
Câmara Matosinhos
Pedro Hispano
Parque de Real
Ramalde
Francos
Casa da Música
Carolina Michaelis
Lapa
Trindade
Bolhão
ZONA PRT2
ZONA PRT1
Marquês
Faria Guimarães

Matosinhos Sul

D Hospital São João
IPO
Pólo Universitário
Salgueiros
Combatentes
Contumil
ZONA PRT3
ZONA GDM1

Baguim
Campainha
Carreira
Venda Nova
Rio Tinto
Levada
Nau Vitória
Nasoni
F Fânzeres

Estádio do Dragão
A **B** **E**
Campo 24 Agosto
Campanhã
C
Aliados
São Bento
Heroísmo
Jardim do Morro
General Torres
Câmara de Gaia
João de Deus
D. Joâo II
Santo Ovídio
ZONA VNG1
ZONA VNG2

Manuel Leão
Hospita Santos Silva

D Vila d'Este

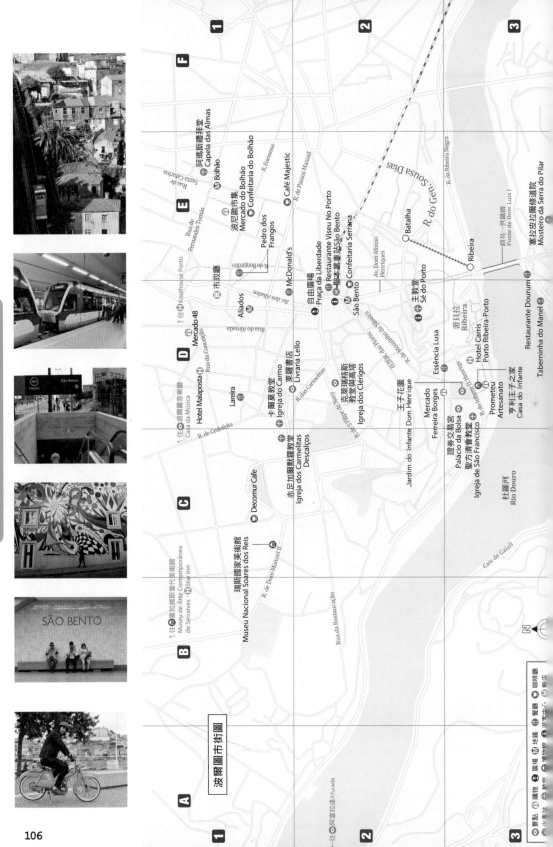

葡萄牙：遊賞波爾圖

波爾圖市街圖

SÃO BENTO

106

說是第二大城，卻是蜚聲國際的酒鄉，令人不喝也醉⋯

波爾圖
Porto

波爾圖

與里斯本的繁華不同，波爾圖散發著另一種低調卻迷人的魅力！穿越世界遺產舊城區，抵達河畔的路易一世鐵橋，一邊享受著視覺震撼，一邊品嚐道地美食與波特酒。

沿著杜羅河流域前往上游，這裡有世界上最古老的葡萄酒產區，附近散佈著純樸的小鎮、各具特色的葡萄酒莊、梯田葡萄園覆蓋了整個山坡，伴隨著夕陽與河谷美景，令人全然陶醉。

歐洲最具藝術氣質的火車站，小心不要忘記搭車時間喔！

王牌景點 **1**

聖本篤車站不只是歐洲最美的車站之一，可能也是旅客最容易錯過火車的車站，不過可不是因為誤點，而是因為欣賞車站大廳的磁磚藝術而忘了時間。

INFORMAÇÕES

波爾圖：聖本篤車站

◎搭乘地鐵於São Bento站下即達

🏠 Praça Almeida Garrett
🕐 旅客服務處09:00~18:00
🌐 www.cp.pt

至少預留時間
打卡拍照：0.5小時
仔細欣賞：1~2小時

MAP
P.106
D2

聖本篤車站
Estação de São Bento

　聖本篤車站的名稱源自16世紀在此處的聖本篤修道院，19世紀末荒廢後，因應1900年葡萄牙鐵路建設的擴展，由國王卡洛斯一世在此奠基，並於1916年開始啟用，往杜羅河谷、吉馬萊斯(Guimarães)和布拉加(Braga)等的地區性火車都由此出發。

車站的外型深受巴黎學院派建築思潮的影響，像一座宮殿。

造訪聖本篤車站理由

1 美麗非凡，即使不搭車也要來看一看

2 免門票的美術館

3 交通核心地帶

下方則重現1415年征服北非休達的勝利。

對面牆上，1140年的Valdevez戰役正打得火熱呢！

波爾圖：聖本篤車站

入口右側，若昂一世和英國公爵之女菲莉帕(Philippa of Lancaster)在此聯姻，受到民眾熱烈歡迎。

與其說是火車站，聖本篤車站更像是一座走入生活中的美術館。

 Douro與Minho

大家可能會好奇為何車站潔白典雅的天花板兩側寫有Douro和Minho兩排黑色大字？難道是重要的歷史名人或建築師本人大名？都不是！這兩個單字是流經葡萄牙北部的兩條河流：杜羅河(Rio Douro)和米紐河(Rio Minho)。杜羅河通過波爾圖市區的南方，米紐河則位在波爾圖北邊，是西葡兩國之間的自然國界。兩條河流一南一北，位居中央的聖本篤火車站就是串聯兩河交通的樞紐，所以特別在天花板上標示，以此顯示聖本篤火車站的重要地位。

Did YOU KnoW

波爾圖的美麗與殘破

行走在波爾圖的市中心和美麗的杜羅河畔，你可能也感到疑惑：火車站旁的黃金地段和河岸第一排景觀區怎麼會參雜許多廢墟，任由藤蔓爬滿頹圮牆面而無人處置？

2008年間，葡萄牙受到金融海嘯的衝擊，必須接受歐盟的協助才能防止國家破產，根據2011年的統計數字，波爾圖市中心有18.8%的房子因破產離開而被遺棄。此外，葡萄牙政府對於整修房子外觀的法律相當嚴格，在不改變結構之下進行內部整修又所費不貲，對經濟能力許可的屋主而言，不如把市中心的房子閒置，搬到市郊居住。留下來的只有早期的租屋者，房東礙於當時保護房客的法令限制無法隨意調漲房租，當然不願整修年久失修的老屋，老人們也沒有錢搬走，只好繼續留在市中心的殘破房子裡生活。隨著旅遊業的復甦，有越來越多旅館業者願意收購市中心的低價破房，再重新整修，也許有一天，波爾圖另類的殘破之美也會逐漸消逝。

延伸景點

聖本篤車站這一帶，
可說是波爾圖的生活軸心區喔～

自由廣場
Praça da Liberdade

MAP P.106 D2

廣場上佇立著葡萄牙國王佩德羅四世(Dom Pedro IV)的騎馬雕像，他的右手拿著1825年的憲法憲章，是自由、堅持與愛國的象徵。

如何前往

◎從聖本篤車站步行約1分鐘即達

位於市中心，是許多徒步行程的集合點。自由廣場最北側為市政廳。

廣場南側為新古典主義風格的修道院(Palácio das Cardosas)，目前已改建為飯店，是廣場上最古老的建築之一。

同盟大道
Avenida dos Aliados

MAP P.106 D1

如何前往

◎從聖本篤車站步行約1分鐘即達

自由廣場旁有波爾圖最寬闊舒適的人行步道——同盟大道，一路往北延伸約250公尺長，這條林蔭大道周遭環繞著許多歷史悠久的建築，目前都成為了銀行、飯店、咖啡廳或餐廳。

同盟大道126號上的麥當勞，號稱「最美麥當勞」。

Café Majestic

如何前往

◎從聖本篤車站步行約7分鐘即達

Info

🏠Rua Santa Catarina 112

☎222-003-887

🕐週一至週六09:00~23:00

🚫週日

🌐www.cafemajestic.com

　　Café Majestic創業於1926年，原名Elite Café，但這個帶點君主色彩的名字，在當時共和風氣和布爾喬亞階級盛行的葡萄牙不受歡迎，所以改名為Majestic，表現巴黎美好年代(La Belle Époque)的魅力。

　　這間華麗的咖啡館從以前就是知識份子、藝術家和名媛的聚會場所，葡萄牙、巴西和法國總統都曾是座上嘉賓。

哈利波特迷看過來

Cafe Majestic除了裝潢華美吸引眾多觀光客外，還有另一個舉世聞名之因，就是《哈利波特》的作者J.K.羅琳旅居波爾圖時也時常光臨，點杯咖啡在這復古的環境中專心寫作，《哈利波特》的初稿有許多部份都是在此完成的呢！

波爾圖：聖本篤車站

波尼歐市集
Mercado do Bolhão

如何前往

◎從聖本篤車站步行約7分鐘即達

Info

🏠R. Formosa 322

☎223-326-024

🕐08:00~20:00(週六至18:00)

🚫週日　🌐mercadobolhao.pt

　　波尼歐市集是波爾圖最大的傳統市集，其歷史可追溯至1837年。這裡不僅是在地人日常採購的重要場所，也是遊客體驗波爾圖文化、感受在地生活的地方。2022年整修後重新開放的市集，不僅保留了歷史元素，還融合了現代設施，並分為上下兩層。下層擁有79家的蔬菜、水果、麵包、肉品、海鮮、乳酪與鮮花等攤商，上層則有10間餐廳與38家商店，市集也被視為波爾圖最出色的美食勝地。

河畔的蕾貝拉廣場又是另一種慵懶氣氛，一家家餐廳和咖啡館提供欣賞路易一世鐵橋的最佳視野。

波爾圖：蕾貝拉

蕾貝拉

MAP
P.106
D3

Ribeira

◎從聖本篤車站步行約10分鐘即達

至少預留時間
隨意逛逛：2小時
進入博物館或餐館：半天

造訪蕾貝拉理由

① 貼近當地人的日常生活

② 河畔浪漫風情

③ 登鐵橋俯瞰美景

　　緊鄰杜羅河的蕾貝拉是最早期居民居住的區域，中世紀以來就是商業中心。密密麻麻的民宅隨地形高低起伏，從穿越狹窄的石板巷弄的剎那起，早已掉入那古老雜亂又充滿生命力的奇幻氛圍。你會被毫不起眼的雜貨店所吸引；走進一家只聽得到葡萄牙語的小餐館，嚐到行程中最美味的料理。

雖然鄰近區域共有6座橋樑橫跨杜羅河，路易一世鐵橋卻是永遠的目光焦點。工業風格的鏤空雙層鋼鐵拱橋連接了波爾圖和杜羅河南岸的加亞新城，鐵橋上層更是欣賞蕾貝拉區和杜羅河景觀的最佳地點。

鐵橋於1886年啟用，由比利時建築師Teófilo Seyrig負責建造，總長382.25公尺，高44.6公尺，172公尺的半圓跨距建造之時為世界第一。除了人行步道以外，上層主要是地鐵通行，下層則供車輛往來。

老舊的彩色公寓和懸掛在陽台的衣服被單，是蕾貝拉給人的第一印象，從前這裡住的是中下階層居民，至今那種親切又日常的葡萄牙生活感仍停留在街角。

讓葡萄牙走向海上強權的亨利王子(Infante D. Henrique, 1394-1460)便是在蕾貝拉誕生，至今還保存了一棟具有歷史的房舍，稱為王子之家(Casa do Infante)，展示著2002年被挖掘的15世紀的遺跡以及航海相關主題文物。

必看重點

從聖本篤車站走向河岸的沿途，都是波爾圖歷史的點點滴滴～

波爾圖主教堂
Sé do Porto
MAP P.106 D2

波爾圖主教堂是葡萄牙最重要的羅曼式建築之一，始建於1110年，之後經歷幾次修建，並在18世紀時大肆翻修，難怪一直被當地人批評是個沒有統一特色的建築物。不過這裡可是1378年葡萄牙國王若昂一世與英國的菲莉帕公主舉行婚禮的教堂，同時也是葡萄牙與英國簽訂溫莎條約之地！

🚶 從聖本篤車站步行約5分鐘可達　📍Terreiro da Sé
☎ 222-059-028　🕐 09:00~18:30(11~3月至17:30)　🚫
復活節、耶誕節　💰 教堂免費，博物館€3　🌐 www.
diocese-porto.pt

和波爾圖其他教堂比起來，主教堂像一座碉堡的樸素外型顯得單調，但在一片紅瓦白牆建築中，兩座高聳的鐘塔仍然是杜羅河畔相當醒目的建築。

Did YOU KnoW

這個世界文化遺產也藏得太隱密了吧～

在教堂前方廣場下的暗街噴泉(Chafariz da Rua Escura) 建於17世紀，又被稱為 S. Sebastião 或 Pelicano Fountain，為世界文化遺產文物，原本位於 Rua Escura，1940年才被搬遷到現在的位置。這座遺跡水池上方的牆壁上刻有一隻鵜鶘，代表著 House of Mercy，兩旁各有一位女性人像，上方則是一枚葡萄牙皇室盾形紋章，由於此遺跡位置不太顯眼容易錯過，有興趣的朋友要仔細多找一下歐！

現今教堂僅剩迴廊和玫瑰花窗為早期遺留下來的東西，其他部分包括西門的階梯、北邊牆壁的涼廊、雕飾華麗的銀製主祭壇和誇張的浮雕等，都是標準的巴洛克風格，出自義大利建築師Nicolau Nasoni之手。

©flickr:Ricardo Tulio Gandelman

哥德式迴廊在14世紀初期興建，大約18世紀流行的手繪磁磚，青藍色花磚在樸實的廊柱間蔓延，敘說上帝和大教堂守護神聖母之間的對話，氣氛神聖而靜謐。

波爾圖：蕾貝拉

證券交易宮
Palácio da Bolsa

MAP P.106 D3

西元1832年，葡萄牙內戰期間，聖方濟教堂的女修道院遭焚毀，瑪麗二世女王(Queen Mary II)將遭焚毀的部分贈送給波爾圖的商人，波爾圖商會於1842年開始在此建造證券交易所。

證券交易宮由波爾圖建築師Joaquim da Costa Lima Júnior設計，大部分完工於1850年，內部華麗的裝飾工程則持續進行到1910年。現在的證券交易已移往他處，僅有部分定期會議及活動在此舉行，其他時間則開放遊客參觀。

💿從聖本篤車站步行約10分鐘可達　🏠R. de Ferreira Borges　📞223-399-000　🕐4~10月09:00~18:30；11~3月09:00~13:00、14:00~17:30　💶全票€12、優待票€7.5，12歲以下兒童免費　🌐palaciodabolsa.com

採新古典主義式宮殿建築，並受到帕拉第奧式建築(Palladian architecture)的影響。

最受矚目的阿拉伯廳(Salāo Árabe)是受到西班牙阿爾罕布拉宮的靈感啟發，使用紫檀木、緞木、花梨木等上好的木材，在每寸空間細細雕刻阿拉伯風格的繁複花紋，並以18公斤的金箔片裝飾，令人眼花撩亂，當年經常舉辦音樂會，據說音場效果相當好，現在也提供場地出租舉辦活動。

國家大廳 (Patio das Nacoes) 為建築的中心，陽光透過玻璃八角天頂灑落色彩繽紛的馬賽克磚地板，天頂周圍則裝飾著19世紀與葡萄牙有密切商業往來的國家國徽，營造商會華麗高貴又不流於俗氣的氣息。

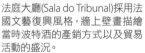 

法庭大廳(Sala do Tribunal)採用法國文藝復興風格，牆上壁畫描繪當時波特酒的產銷方式以及貿易活動的盛況。

參觀內部需跟隨導覽，導覽時間約30分鐘

DiD YOU KnoW

波爾圖第一盞電燈在此亮起

雖然這裡著名的玻璃八角天頂可引入光線，但整個室內還是有許多需要燈光的地方，在電燈正式問世後，富裕的貿易商會就成為了波爾圖第一個使用電燈的場所，現在走上樓梯就能看到這些波爾圖最早期的電燈。除了華麗的外觀外，使用最先進的科技技術也是展現了當時波爾圖商會的雄厚財力啊～

不要被聖方濟會教堂平凡的哥德式外觀騙了，內部超過200公斤的鑲金裝飾讓人看了眼花撩亂！

教堂內最特別的是18世紀增加的巴洛克式裝飾，從主壇、樑柱、神像到天花板，華麗誇張的雕刻貼滿閃閃發亮的金箔紙，不留任何一點視覺喘息的空間，金碧輝煌的程度令人嘆為觀止。

教堂的對面還有博物館和地下墓穴可參觀，博物館展示著曾經位於此地的聖方濟會修道院的家具和一些宗教寶物，地下墓穴的牆壁和地板排滿整齊的墓碑，最內側的鏤空地板還能看到成堆的人骨頭。

 聖方濟會教堂
MAP P.106 D3
Igreja de São Francisco

方濟會於13世紀來到波爾圖之初，其實受到其他教派及波爾圖主教的抵制，直到教宗諾森五世下令歸還捐贈給他的們的土地，才在1245年始建小教堂，現在看到的規模大約完成於15世紀。

現今的教堂已經不再舉辦任何宗教儀式了，反而被來自四面八方的遊客所包圍。

從聖本篤車站步行約10分鐘可達 Rua do Infante D. Henrique 222-062-125 09:00~20:00(10~3月至19:00) 12/25 全票€10，波爾圖卡享75折優惠 ordemsaofranciscoporto.pt

教堂內部禁止拍照！

兼顧機能與造型的當代地景，以**盒中盒的空間結構**創造優美的樂音，令人讚嘆

波爾圖音樂廳像巨大的白色不規則幾何切割石塊，高調而突兀地放置在城市中心。

波爾圖：波爾圖音樂廳

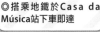

◎搭乘地鐵於Casa da Música站下車即達

ⓘ

◎Av. da Boavista 604-610
☎220-120-220
🕐09:30~18:00，若遇表演則到表演結束時間。英語導覽：每日12：00、16:30，行程約1小時
💰導覽行程全票€12、半票€5，12歲以下免費，持波爾圖卡€9
🔗casadamusica.com

至少預留時間
入內參觀：1.5小時
聆賞表演：2~3小時

👁 | MAP P.106 D1 | **波爾圖音樂廳**
Casa da Música

　音樂廳是荷蘭建築師Rem Koolhaas的成名代表作之一，屬於2001年歐洲文化之都的城市文化再造計劃一部份。Rem Koolhaas與聲學專家充分討論後，認為鞋盒形狀的空間能產生最好的音場效果，他在此前提下重新解構空間，以「變形的鞋盒」為設計概念，讓小型演奏廳、排練室、休息區、VIP包廂、兒童遊戲室等附屬空間包圍主演奏廳，創造「盒中盒」的空間結構，不但有效避免演出時的音量擾民，還能保持建築外觀的突破性。

　這個2005年落成的特殊建築，不只是波爾圖當代建築的代表，更曾獲得紐約時報評論家Nicolai Ouroussoff的美讚，認為它與柏林音樂廳、洛杉磯迪士尼音樂廳並列百年內最好的三大音樂廳。

Did YOU KnoW

位於音樂廳頂樓的餐廳 Restaurante Casa da Música 有一個不規則四方型的露天酒吧，黑白菱形圖案布滿整個壁面和地面，最後的斜角高度一路降低引入整個城市美景，光是照片就吸引許多遊人特地前往朝聖。午、晚餐間有休息時間，若想在此用餐記得先查好時間喔！

清水混凝土、不鏽鋼和幾何線條，建構大廳及走道的未來感，大面積玻璃窗引進自然光線，讓室內外產生連結，綜合空間中的冷調性。

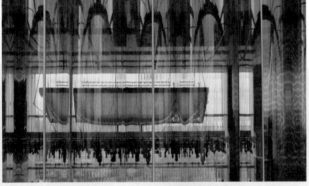

每個包廂都有不同的設計主題，注重空間使用上的變化彈性，可供不同團體租用。

參觀內部須參加導覽行程！

主演奏廳有1,238個座位，以特殊波浪形雙層玻璃分隔附屬空間，不只具有視覺透視效果，最大功能是讓聲音在音樂廳中反射與折射，配合天花板和牆面的吸音材質，達到隔音及控制聲音殘響值的功能。

波爾圖音樂廳在每個設計環節上都是以機能為出發，讓音樂廳融入城市生活。

哈利波特的魔法書店，就算要買票，要排隊，還是擋不住人潮

除了大量葡萄牙的作品和繪本，也有許多英、法文書籍以及自製的紀念商品。

波爾圖：萊羅書店

萊羅書店
Livraria Lello

MAP P.106 D1

這間書店的來頭不小，據說哈利波特的作者J.K. Rowling旅居波爾圖期間，在這間歷史悠久的書店獲得書中場景的靈感；它的頭銜也很多：「全球十大書店」、「世界最美書店」……小小的雙層樓空間總擠滿來自各地的觀光客。

萊羅書店可能是唯一需要收費才能進入的書店，而且想參觀還得乖乖排隊。

造訪萊羅書店理由

1 號稱世界最美的書店

2 名師設計的建築與裝潢

3 哈利波特的靈感來源

一樓核桃木書牆延伸至雕刻精緻的樓板，牆面上葡萄牙知名作家的半身像陪伴讀者沈浸文學時光。

光線透過彩繪玻璃，渲染一室柔和，火焰紅的曲線旋轉樓梯更是波爾圖明信片的主角之一，若不是忙碌拍照的遊客太多，真以為走入魔法世界中的書店。

◎從聖本篤車站步行約7分鐘可達

先在街角的紀念品店內抽取號碼牌購票並寄物，再持票至書店門口排隊！

🏠 R. das Carmelitas 144
☎ 222-002-037
🕐 09:00~19:30
📅 1/1、復活節週日、5/1、6/24、12/25
💰 入場費€8，可使用於購書折抵
🌐 www.livrarialello.pt

至少預留時間
拍照打卡：1小時
尋找好書：2~3小時

萊羅書店是葡萄牙歷史最悠久的書店之一，由萊羅兄弟開業於1906年，出自建築師 Xavier Esteves之手的設計，屬於新哥德式風格。

延伸景點

書店附近的**卡爾莫教堂**和**克萊瑞格斯教堂**與**高塔**都很有特色喔～

卡爾莫教堂
Igreja do Carmo

MAP
P.106
D1

如何前往

◎從聖本篤車站步行約7分鐘即達

Info

⊙R. do Carmo ☎222-078-400 ◷09:30~17:00 ⊙免費

　　洛可可式的華麗立面，覆蓋側牆的巨幅磁磚壁畫，以及閃耀的鍍金祭壇，卡爾莫教堂在波爾圖眾多教堂中獨樹一幟。教堂建於18世紀中葉，磁磚畫卻是1912年Silvestre Silvestri的作品，拼貼出天主教隱修會創立的場景。

畫中人物的表情生動立體，筆觸細緻，可看出葡萄牙磁磚畫的技術與傳承。

波爾圖：萊羅書店

Did YOU KnoW

葡萄牙最窄的房屋

卡爾莫教堂與赤足加爾默羅教堂看似連為一體，但仔細觀察，他們之間其實還隔著號稱是葡萄牙最窄房屋的隱屋(Casa Escondida)，這間房屋面寬僅1公尺，據說是因為卡爾莫教堂為修士使用，而赤足加爾默羅教堂則都是修女，故以此一屋將兩方隔開。現在這間最窄房屋也開放參觀了，只要報名卡爾莫之旅(Turismo Ordem do Carmo Porto，成人€5)，即可擠進隱屋中一探究竟。

與之相鄰的赤足加爾默羅教堂(Igreja dos Carmelitas Descalços)，外觀上看來幾乎合而為一，內部巴洛克式的鍍金祭壇和講道臺，比起卡爾莫教堂，奢華程度有過之而無不及。

克萊瑞格斯教堂與高塔
Igreja dos Clérigos

如何前往

◎從聖本篤車站步行約5分鐘即達

Info

⊙R. de São Filipe de Nery ☎220-145-489

◐09:00~19:00(復活節、夏季與聖誕假期至23:00)

⑤教堂免費,日間高塔及博物館全票€8、半票€5;夜間高塔€5(復活節、夏季與聖誕假期)

🕸www.torredosclerigos.pt

　　不管在舊城區或是杜羅河岸,都能看見克萊瑞格斯高塔挺拔的身影,突出於一片紅瓦之上,雖然高塔只有76公尺,卻已是葡萄牙最高的花崗石塔,1763年建成之時,作為波爾圖最醒目的建築物,自然也就身負船隻的燈塔和地標功能。

克萊瑞格斯高塔由義大利的建築師Nicolau Nasoni所興建,爬上225個旋轉階梯,等待你的是360度的波爾圖全景,腳底下是舊城區高低交錯的紅屋瓦,像樂高積木朝杜羅河展開,天氣好的時候,甚至還可遠眺到波爾圖的海岸線。

克萊瑞格斯教堂與高塔相連,同樣建於18世紀前半,反映出當時極受歡迎的巴洛克建築風格,最特別之處,是當時葡萄牙首創的橢圓形教堂空間設計。

教堂內的博物館則展示13~20世紀的宗教藝術及文化資產,包含雕像、繪畫、家具和金飾,其中有一間收藏各種耶穌受難像的展廳,令人印象深刻。

塞拉維斯當代美術館
Museu de Arte Contemporânea de Serralves

塞拉維斯當代美術館是葡萄牙當代建築大師 Álvaro Siza 於1999年完成的建築，展出葡萄牙和國際上具代表性的當代藝術作品。Álvaro Siza是普立茲克建築獎的得主，他擅長融合建築與環境的協調性，運用在塞拉維斯美術館，空間結構簡潔細膩，以白色作為最純淨的語彙，不喧賓奪主，讓展覽品成為空間主角。這裏給想要遠離觀光客與喧囂的旅人，一段靜謐的休憩時光。

🚇地鐵A、B、C、E、F線於Casa da Música站下，轉乘巴士203、504號於Serralves站下；或從自由廣場搭巴士201、502號於Serralves站下。 🏠R. Dom João de Castro 210 ☎226-156-500 ⏰4~9月10:00~19:00，10~3月19:00~18:00(週末至19:00) ⛔1/1、12/25 💰全區票全票€24、優待票€12，12歲以下免費，波爾圖卡享8折 🌐www.serralves.pt

建築師又巧妙運用建築的U型結構、各展廳大小不同的開窗與折板，讓觀賞者無法忽略光、影、窗外綠意在這塊建築畫布上的即興創作。

簡單而優雅的白色立體建築與濃密綠蔭共同譜寫一首寧靜的詩，打開塞拉維斯當代美術館的門，有如瞬間移動，走進另一個波爾圖。

廣達18公頃的戶外公園包圍美術館建築，包含另一棟作為特展場地的別墅、花園、噴泉、林地、農場等，保留原本的植被，裝置藝術成為樹林間的驚喜。

持波爾圖卡享8折優惠！

阿瑪斯禮拜堂
Capela das Almas

這些磁磚畫是Eduardo Leite於1982年的作品，有趣的是，當時為了符合整個波爾圖的城市調性，特地模仿18世紀的磁磚畫風格，內容描述多位聖人的事蹟，包含阿西西的聖方濟之死和聖卡塔琳娜(Santa Catarina)的殉難。

從葡萄牙文的字面意思來看，Capela das Almas 意思是「靈魂的禮拜堂」，建造於18世紀，奉獻給聖卡塔琳娜的小教堂。阿瑪斯禮拜堂最有可看性的地方是外牆，整座教堂被藍白磁磚(Azulejo)包裹，像一間典雅的大型瓷器娃娃屋，佇立在商業區街角，有點不真實。

🚶從聖本篤車站步行約7分鐘即達 ⊙ Rua de Santa Catarina 428 ☎222-005-765 ⊙平日07:30~18:00(週五至20:00)，週末07:30~12:30、18:30~19:30

漫步，在小村裡有名的海鮮炭烤店Taberna Sao Pedro享用新鮮的海產，並在對面的轉角的糕點店Padaria 1º Maio點一份物超所值的蛋塔。

你可以在河畔

雖然洗衣機早已是家家戶戶的必備，但在小漁村裡婦女仍在保留完好的大眾洗衣場裡手洗衣物。場內有著多個洗衣槽，流水聲談話聲此起彼落。洗衣場是社區的社交中心，也是八卦與情報的交流場所。

⊙ MAP P.106 A2

阿富拉達
Afurada

位於杜羅河岸西邊阿拉比達大橋(Ponte Arrabida)西側，阿富拉達是葡萄牙傳統小漁村的代表，至今仍保留著傳統的漁村樣貌與生活，這裡步調悠閒，空氣中散發著海水的鹹味與戶外曬衣場的肥皂香味，海鳥在空中盤旋，河岸旁聚集著閒聊的當地居民，一大早有熱鬧的魚市，洗衣場裡有著談笑風生的洗衣婦人，這裡沒有驚為天人的觀光景點，有的是寧靜緩慢，老式的漁村生活樣貌。

🚌可在Boavista (Boavista-casa da Música)搭乘前往Lavadores方向的巴士902號，在Chãs站下車後步行800公尺即達。或由加亞新城遊客服務中心步行約35分鐘即達。自駕遊可將車停在河岸旁的免費停車場。

阿富拉達洗衣場
Lavadouro Publico/Public Washing Afurada
⊙R. da Praia 147, 4400-354 Vila Nova de Gaia

MAP P.106 D3

加亞新城
Vila Nova de Gaia

杜羅河南岸的加亞新城是葡萄牙人口第三多的都市，然而遊客跨河而過不為別的，只為了河畔遠近馳名的波特酒。

和其他葡萄酒不同的是，波特酒的酒莊並非在葡萄園旁，而是選在杜羅河的河口處。1987年時頒發一項規定，只有在加亞新城儲存的波特酒才能命名為「波特酒」。現在這裡大大小小的酒莊約有60來家，Taylor、Calem和Sandeman都是名氣相當大的酒莊，同時也都身兼展售中心，有興趣可付費參加包含品酒的導覽。

路易一世鐵橋上方的塞拉皮拉爾修道院(Mosteiro da Serra do Pilar)平台有欣賞波爾圖、杜羅河和鐵橋的最佳角度，若是覺得爬坡太累，也可在河邊搭乘纜車(Gaia Cable Car)上山。

🚇 搭乘地鐵於Jardim do Morro站下，步行5分鐘可至河畔

加亞新城遊客服務中心 ⓘAvenida Diogo Leite, 135 , Vila Nova de Gaia
☎ 223-742-422 🌐www.cm-gaia.pt

河面上停泊許多造型優雅的平底木帆船(Barcos rabelos)，這些是早期運送波特酒的交通船，現在因為交通便利，木船早已卸下工作重擔，反倒是當起波特酒莊的廣告代言了。每年唯有等到一年一度的聖若昂紀念日(6月24日)，這些船才會展開風帆在河上競賽。

Did YOU KnoW

我們不是公車站牌啦～

在加亞新城這一側的杜羅河沿岸邊豎有一整排模樣相似的牌子，彷彿公車站牌般，但其實這些立牌與河面上的木帆船一樣，都是各家酒莊為了宣傳設置的廣告啦！從這些數也數不清的廣告立牌，不難看出波特酒的盛行及酒莊間競爭的激烈啊～

👉 **有此一說～**

宣告清白的花公雞

不管在葡萄牙的哪個角落，一定擺脫不了花公雞的身影。從冰箱磁鐵、磁磚、圍裙、酒瓶塞等應有盡有，可見這隻色彩繽紛的花公雞在葡萄牙人心中的份量。

花公雞的傳說有點類似葡萄牙版本的「六月雪」，源自16世紀的「神蹟」。一名來自加利西亞的朝聖者在前往聖地牙哥朝聖的途中，經過巴賽羅(Barcelos)時因被誤認是小偷而被全鎮民譴責，要將他吊死。為了替自己申冤，這名朝聖者在法庭當著法官的面指出，如果在法官晚餐中的烤雞能夠站起來啼叫，就代表他是清白的！當天晚上，烤雞不可思議地活了過來，因此這名朝聖者也獲無罪釋放。爾後，公雞的奇跡在葡萄牙廣為流傳，成為最受歡迎的民俗藝術特色，也變成葡萄牙的幸運表徵。

用餐選擇

波爾圖既以美酒聞名，對吃的要求自然很高，即使是小小的傳統口味餐廳，也常有驚豔的發現～

波爾圖：用餐選擇

Lareira

速食店

must eat!
牛排
€7.9起
推薦菜

🏠 Rua das Oliveiras 8

復古小圓燈下，白磁磚牆搭配深木色桌椅，走進內側，牆上還保留百年以上歷史的石砌牆面和火爐，Lareira的小清新在波爾圖大學學區內相當受歡迎。然而更吸引人的是吧台前滷出金黃色澤、香味四溢的豬排，搭配撒上香料的脆薯片，文青風豬排堡可不只有氣氛而已，味道也絕不遜色。

🔺P.106D1 🚶從聖本篤車站步行約10分鐘即達 ☎222-080-917 🕐12:00~23:00(週五及週六至01:00) 🌐www.restaurantelareira.pt

Taberninha do Manel

餐酒館

must eat!
香腸
€12
推薦菜

🏠 Avenida Diogo Leite, 308, Cais de Gaia, Vila Nova de Gaia

不管在像酒窖一樣有石砌牆面的室內，還是在能欣賞杜羅河景的戶外區，Taberninha do Manel的用餐氣氛都是歡笑熱鬧，這間餐廳同時受到觀光客和在地居民的歡迎，不管哪個時段都是滿滿饕客。最特別的是這裏可以品嚐到傳統方式料理的葡萄牙香腸(Alheira)，香腸放在特製陶器皿上，淋上烈酒後點火，火焰香腸上桌的戲劇效果十足。

🔺P.106D3 🚶搭地鐵至Jardim do Morro站下，步行約10分即達 ☎223-753-549 🕐12:00~23:00 🚫週一、週二 🌐taberninhadomanel.comportugal.com

Pedro dos Frangos
葡式烤雞

must eat!
烤雞加薯條
€13.5
推薦菜

🏠 R. do Bonjardim 223
312

在Pedro dos Frangos門口排隊是一種折磨，已經烤到金黃色的鋼管雞閃爍著油光緩緩旋轉，吸入的每一口空氣都能誘發食慾，而等待的人潮已經從二樓排到一樓門外，這就是Pedro dos Frangos受歡迎的程度。炭火烤過後，皮脆肉多汁，直接吃就令人吮指回味了，加上一點piri piri辣椒醬是更正統的葡式烤雞吃法，雖然Pedro dos Frangos也有其他肉類、魚類料理，但誰能抗拒烤雞的魅力呢！

📍P.106E1 🚆從聖本篤車站步行約7分鐘即達 ☎222-008-522 🕐12:00~23:00 🚫週二 🌐pedrodosfrangos.pt

Essência Lusa
葡萄牙傳統料理

must eat!
海鮮飯
€25起
推薦菜

🏠 R. de São João 85

這家距離杜羅河不遠的小餐館座位很少，佈置簡單溫馨，供應各種葡萄牙式料理。Essência Lusa的廚師手藝和餐廳的感覺很相似，是一種溫暖道地的家常味。特別推薦兩人共享的海鮮飯(Arroz de marisco)，大蒜、香菜、橄欖油、番茄與白酒的香氣充分融合，滿滿一鍋鮮蝦、魚肉，份量十足，用料澎拜。

📍P.106D2 🚆從聖本篤車站步行約7分鐘即達 ☎910-744-839 🕐12:00~15:30、19:30~23:00

Confeitaria do Bolhão
百年咖啡廳

must eat!
蛋塔
€1.3
推薦菜

 R. Formosa 339

來到波爾圖必須朝聖的百年老店，成立於1896年，早期是富人們在前往波尼歐市集(Bolhão)前市集享用早餐的場所，到了1985~1995年間重新整修，但仍特意保留了原建築的特色，店內到處都是玻璃、鏡子、花磚，裝潢華麗，點心吧檯內放著所有自家烘培的鹹、甜點心，各種食物的整齊排列，讓人目不暇給。你可以選擇在後方的座位上享用餐點，也可以像當地人一樣站在吧檯，點杯咖啡，配上幾樣小點心，觀察熙來攘往的人群。

P.106E1　搭乘地鐵於Bolhão站下車，步行約4分鐘即達。　223-395-220　06:00~20:00(週六至19:00)　週日　www.confeitariadobolhao.com

Restaurante Viseu No Porto
葡萄牙傳統料理

must eat!
章魚沙拉
€6.5
推薦菜

 **R. da Madeira 212**

位於聖本篤車站旁，由家族代代經營葡萄牙傳統料理餐廳，沒有華麗的裝潢，樸實的門面販賣的是貨真價實的在地料理，吧檯前擺著油炸鹽醃鱈魚天婦羅(Isca de Bacalahu)、炸魚餅(Isca de Bacalahu)、炸肉盒(Rissol de Leitão)等小食，適合三五好友一起分食。主菜從海鮮到各種肉類都有，推薦章魚沙拉(Salada de Polvo)以及美味的辣滷雞胗(Moelas)，再配上一杯紅葡萄酒(Vinho Maduro Tinto)，美味立刻升級。

P.106D2　由聖本篤車站門口往北邊側門徒步1分鐘即達　222-004-227　11:00~22:30　週日

離開波爾圖的周邊小旅行

在 波爾圖周邊還有不少歷史名城都值得一遊，包括建城超過兩千年歷史的布拉加(Braga)、世界文化遺產城市的吉馬萊斯(Guimarães)，更重要的是，這附近還有世界上最古老的葡萄酒產區，也是世界文化遺產的所在地——杜羅河谷葡萄酒產區(Douro Wine Region)，梯田葡萄園覆蓋了整個山坡，伴隨著夕陽與河谷美景，一路品嚐香醇的葡萄美酒，實在令人陶醉。

布拉加
⊙Braga

吉馬萊斯
⊙Guimarães

⊙波爾圖
Porto

杜羅河 Rio Douro

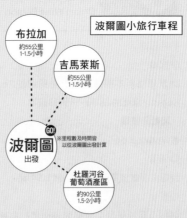

波爾圖小旅行車程

布拉加
約55公里
1-1.5小時

吉馬萊斯
約55公里
1-1.5小時

波爾圖
出發
GO!

※里程數及時間皆以從波爾圖出發計算

杜羅河谷
葡萄酒產區
約90公里
1.5-2小時

不管是參加套裝行程或自行前往，
一日美酒正飄香！

杜羅河谷葡萄酒產區圖

吉馬萊斯 Guimarães **A**
阿瑪蘭蒂 Amarante
波爾圖 Porto **1**
Vila Real
比索達雷加 Peso da Régua
馬特烏斯宮 Casa de Mateus
🍷酒莊
杜羅河 Rio Douro
皮尼奧 Pinhão
Lamego
Quinta da Pacheca
Barca d'Alva **B**
1
西班牙
A

片岩山脈開墾成滿山遍野的葡萄園梯田，蜿蜒的杜羅河兩岸，夏日一片嬌嫩翠綠，秋季層層疊疊火紅若楓，小巧可愛的酒莊和紅瓦小村莊點綴其間，尚未品嚐到香甜波特酒，就已沈醉在與世無爭的田園景色中。

\ 推薦1 /
距離波爾圖
約120公里
搭乘火車
約2小時

MAP P.128
杜羅河谷葡萄酒產區
Douro Wine Region

如何前往

◎火車
從波爾圖聖本篤火車站出發到雷加Peso da Régua，車程約2小時，一天13班次
・葡萄牙國鐵
🌐www.cp.pt

◎開車
自駕開車從波爾圖出發，約需1.5小時。

◎遊船
從加亞新城碼頭或波爾圖碼頭登船到達Peso da Régua，約需6~7小時；

杜羅河上游成為葡萄酒鄉的歷史已將近兩千年，早在西元3~4世紀的西羅馬帝國末年時，這裡已經開始釀製葡萄酒。17世紀下半葉波特酒的出現，讓該區的葡萄園不斷擴張，1756年得到正式界定，成為世界上最古老的受保護葡萄酒指定產區之一。

波特酒在上游產地完成發酵加烈程序後，封入橡木桶中的酒用平底船Barcos Rabelos運送至杜羅河口的波爾圖，在加亞新城的各家酒窖中陳釀並封瓶出售。現在因為水壩及公路的修築，已改為陸路的方式運酒。

玩杜羅河谷的N種玩法

遊覽杜羅河上游葡萄酒區，可以搭乘遊船、火車或是開車，從不同的角度欣賞層層疊疊的葡萄園與蜿蜒河道交織的田園風光。

其中最有人氣的小鎮是雷加(Régua)和皮尼奧(Pinhão)，這一段鐵道在6~10月間還有沿河岸行駛的古老蒸汽火車，15:30從雷加出發，於皮尼奧暫停，之後繼續前往Tua，沿途除了欣賞風景，還有音樂表演和品嚐波特酒。

許多遊船公司推出從加亞新城碼頭(Vila Nova de Gaia Quay)或是蕾貝加附近碼頭(Estiva Quay)出發的1日遊，行程包含在船上享用早餐、午餐和品酒，下午到達雷加或皮尼奧，傍晚再搭乘火車返回波爾圖，價格大約€80~110。遊船行程可於遊客中心或碼頭諮詢。

若開車前往，從波爾圖到雷加之間都可行駛高速公路，從雷加正式進入杜羅河谷，可先參觀雷加附近的酒莊，再將車子停在小鎮的停車場，搭乘遊船或火車前往皮尼奧。

・蒸汽火車Histórico do Douro

◆6~10月週末、8月假日加開 ⑤Régua至Tua來回全票€54、半票€28 ⑥www.cp.pt/passageiros/pt/como-viajar/em-lazer/cultura-natureza/comboio-historico ❶火車只有5節車廂，座位有限，建議事先購票

同場加映：離開波爾圖的周邊小旅行

葡萄酒產區的範圍從西班牙邊界，沿杜羅河兩岸，一直到波爾圖以東90公里的Mesão Frio，這裏隆起的山脈正好擋住大西洋的水氣鹽分，由西而東又分成三個區域Baixo Corgo、Cima Corgo和Douro Superior。Baixo Corgo氣候涼爽多雨，土壤最肥沃，是葡萄園分佈最廣的區域；Cima Corgo被認為生產品質最好的波特酒和葡萄酒。

Did YOU KnoW

最適合自駕的公路N222

杜羅河谷以葡萄園聞名，從比索達雷加(Peso da Régua)到皮尼奧(Pinhão)這段沿著杜羅河的N222公路，總長約僅20公里，但曾被連鎖租車公司AVIS評選為「最適合自駕的公路」，因為道路的兩旁除了可以看見美不勝收的葡萄園梯田景觀外，還有蜿蜒的杜羅河從路旁流過，絕美景色與悠閒的田園步調，再適合開車兜風不過了。

同場加映：離開波爾圖的周邊小旅行

13世紀時，聖貢薩洛在此修建了城鎮與第一座橋梁，並以治癒病人的能力獲得了盛名，後來也成為尋求愛情運的象徵。

在河岸旁的聖貢薩洛教堂與修道院(Igreja de São Gonçalo/Mosteiro de São Gonçalo)裡，成了不少祈求健康、愛情運的朝拜所。

天氣好時，可以漫步在聖貢薩洛古橋(Pointe de São Gonçalo)兩旁，或者在坐擁河景的咖啡館Confeitaria da Ponte品嘗美味甜點。

① 阿瑪蘭蒂Amarante

河岸旁種滿成排的柳樹，河面上映照著古城的倒影，寧靜的阿瑪蘭蒂位於波爾圖東邊車程約30分鐘之處，杜羅河的支流塔梅加河(Rio Tamega)流過小鎮，這裡人口約1萬出頭，因葡萄牙隱士聖貢薩洛(São Gonçalo, 1187~1262)而聞名。

此外，每年六月第一個週末是聖貢薩洛節，也是鎮上最熱鬧的日子，許多祈求真愛的單身女子都會前來教堂膜拜，鎮上也會販賣當地名產-陽具形狀的麵包(Bolo de Martelo)。

🔲P.128A1 🚌搭乘Rede Expressos巴士前往，車程約50分鐘。

Rede Expressos巴士
🕒07:00~21:00，每小時一班次 💲單程€3.95 🌐redeexpressos.transport-ticket.com

遊客中心Turismo Amarante
🏠Alameda Teixeira de Pascoaes, Amarante ☎255-420-246 🕒09:30~17:30 休週末 🌐amarantetourism.com

Confeitaria da Ponte咖啡館
🏠R. 31 de Janeiro 186, Amarante ☎255-432-034 🕒08:30~20:00 🌐www.confeitariadaponte.pt

② 馬特烏斯宮 Casa de Mateus

馬特烏斯宮位於雷阿爾城(Vila Real)東邊約4公里處,這座巴洛克式建築的宮殿建於18世紀,由當時富有的地主António José Botelho Mourão籌畫建造,至今他的子孫仍居住在此。

這裡有19世紀的山茶花、芳香的柏樹隧道、葡萄藤步道、秩序井然的果園,漫步在此讓人心曠神怡。莊園內的葡萄酒商店則提供當地生產的3種葡萄酒試飲,皆為少量瓶裝的Alvarelhão葡萄品種。

🔊P.128B1 🚌由波爾圖搭乘Rede Expressos巴士前往雷阿爾城(Vila Real),再轉搭當地的Urbanos Vila Real 1號線 (Lordelo-UTAD方向),在Mateus下車,步行約250公尺即達。若從波爾圖開車自駕,可沿著A4再轉N322即達 🏠Casa de Mateus, Vila Real ☎259-323-121 ⏰09:00~17:00(週末至17:30) 💲花園€12.5、城堡與教堂導覽€18(含門票)、停車費€12、三款葡萄酒試飲€10、語音導覽€1 🌐www.casademateus.com

參加英語導覽須提前預訂

幻,與華麗的房子互相輝映。

來到這裡,千萬別錯過城堡周圍的花園,花壇與樹籬設計浪漫夢

城堡導覽由寬敞的大廳開始,氣派的天花板和門框由整片雕飾精緻的木頭裝飾,小型圖書館內收藏著16世紀的珍貴圖書,許多房間都保留了原有的佈置和傢俱,許多收藏、壁畫、宗教古董皆傳達出整個家族演進的歷史。

愛喝粉紅酒的人一定對Mateus rosé這款酒不陌生,酒瓶上所描繪著華麗的莊園,就是馬特烏斯宮。

③ 比索達雷加 Peso da Régua

比索達雷加(簡稱雷加)位於Baixo Corgo區,在波特酒的生產和貿易中佔有舉足輕重的地位,有波特酒之都的稱號,這裡也是老式蒸氣火車的起點。

城鎮後方山坡上有聖安東尼奧觀景台(Miradouro de Santo António),開車前往約17分鐘,從這裡可俯瞰整個葡萄園、雷加和杜羅河美麗的S弧度。

🔊P.128B1 🚌由波爾圖可搭乘火車前往雷加,最快約2.5小時。自駕遊可由波爾圖開車走A4公路,約1小時20分鐘。若參加由波爾圖出發的一日遊,也可選擇搭乘遊輪抵達。(P.103)

遊客中心
Loja Interativa de Turismo do Peso da Régua
🏠Av. do Douro, Peso da Régua ☎254-318-152 ⏰09:30~12:30、14:00~18:00 🚫1/1、12/25 🌐www.cm-pesoregua.pt

漫步河畔欣賞兩岸的葡萄梯田和橫跨杜羅河的兩座大橋。

走入城鎮還可參觀杜羅博物館(Museu do Douro) 和波爾圖葡萄酒之家 (Solar do Vinho do Porto),瞭解更多關於葡萄酒產區和波特酒的歷史知識。

同場加映:離開波爾圖的周邊小旅行

Highlights：在杜羅河谷葡萄酒產區，你可以去～

同場加映：離開波爾圖的周邊小旅行

④ 皮尼奧Pinhão

皮尼奧位於雷加上游25公里的河岸，屬於Cima Corgo區，品質最好的波特酒都集中在這裡。這個相當迷你的小鎮只有一條主街，建造於19世紀末的火車站是參觀重點。

🚉P.128B1 🚂由雷加可搭乘火車抵達皮尼奧，車程約26分鐘。

葡萄牙國鐵CP
🌐www.cp.pt

Magnifico Douro遊船

🚩皮尼奧出發 ⏱1小時遊船10:00~18:00每小時一班；2小時遊船10:45、15:00 💲1小時遊船全票€12.5、半票€6.5；2小時遊船全票€25、半票€12.5
🌐magnificodouro.pt

火車站內外裝飾以葡萄牙手繪花磚，描繪杜羅河谷的風貌以及葡萄酒種植、生產釀造等活動。

參加酒莊的品酒之旅可瞭解更多波特酒的釀造過程，看到傳統踩踏葡萄成汁的大池、依然在使用的巨大橡木桶等，並包含試飲3種葡萄酒和2種波特酒。

Quinta da Pacheca也是獲得無數肯定的四星級莊園旅館，維持傳統建築的風格典雅，並提供現代化的舒適設備，在綿延的葡萄園間放鬆身心，品嚐莊園自豪的波特酒。

在杜羅河岸旁有許多公司提供遊船服務，依時間長短而價格不同。

⑤ Quinta da Pacheca酒莊

林蔭道路盡頭，翠綠的葡萄藤蔓圍繞18世紀白色別墅，Quinta da Pacheca酒莊優雅寧靜的氣氛讓人印象深刻。Quinta da Pacheca位於比索達雷加的對岸，開業於1738年，是區域內歷史最悠久的酒莊之一，也是第一個以莊園品牌銷售葡萄酒的酒莊。

🚉P.128A1 🚗從雷加開車前往約10分鐘，或搭乘計程車前往 🏠Rua do Relógio do Sol 261, Lamego ☎254-331-229 💲品酒導覽€24起 🌐quintadapacheca.com

離波爾圖很近，輕輕鬆鬆玩一天很剛好！

舊城區中有著時尚的精品店與咖啡館，吸引著遊客與附近米尼奧大學的學生們，可說是一座年輕化的古都。市區不大，約莫半天就可以走完，適合一日遊。

同場加映：離開波爾圖的周邊小旅行

推薦2

距離波爾圖
約55公里

搭乘火車
約1小時

MAP P.133

布拉加
Braga

如何前往

◎火車

從波爾圖開往近郊(Suburbano)布拉加的區間車每小時就有1班，從聖本篤火車站出發搭乘車程約1小時。購票及火車時刻表可上網或至車站查詢。

・**葡萄牙國鐵Comboios de Portugal**

🌐www.cp.pt

◎長途巴士

Get Bus提供每日從波爾圖機場往返布拉加的巴士路線，車程約50分鐘。

・**Get Bus**

🌐www.getbus.eu/en

布拉加

N

A **B**

1 **1**

購物中心
Braga Shopping

往◎山上仁慈耶穌朝聖所 →
Santuário do Bom Jesus do Monte

聖巴巴拉花園
Jardim de Santa Barbara

遊客服務中心 ℹ️

共和國廣場
Praça da República

新城門
Arco da Porta Nova

主教堂
Sé de Braga

慈悲堂
Irmandade
de Santa Cruz

布拉加火車站
Braga train station

羅馬噴泉
Roman Fountain

2 **2**

羅馬浴場
Roman Thermae
of Maximinus

◎景點 🔲廣場 ❖噴泉 ✝教堂
🛍購物 ℹ️遊客服務中心

A **B**

離波爾圖很近，
輕輕鬆鬆玩一天很剛好！

info

◎遊客中心**Braga Welcome Center**

ⓟP.133B1

📍Avenida da Liberdade 1

☎253-262-550

🕐09:00~13:00、14:00~18:00(週末至17:30)

🌐www.cm-braga.pt

葡萄牙有句古老的諺語：「里斯本人享樂、科英布拉人學習，波爾圖人工作，布拉加人禱告」道盡了每個城市不同的特色。布拉加是葡萄牙第三大城，北部米尼奧(Mihao)地區的首都，也是葡萄牙的宗教重鎮。區內主教曾被天主教教廷封為總主教，在中世紀時影響力甚至超越國王。舊城區內除了狹窄的巷弄與古色古香的建築，到處可見美麗的巴洛克式教堂。

西元前1世紀，布拉加就已建城，到了8世紀時被摩爾人佔領，直到12世紀時才納入葡萄牙版圖；不過這裡雖是2,000年歷史的古都，到過這裡的人，仍可感受到這個城市的活力與魅力。

🔊

除了山上仁慈耶穌朝聖所，其餘景點步行可達！

市區面積不大，景點集中，因此步行是最好的遊覽方式。從火車站出站後，往東步行約300公尺便可進入18世紀建造的新城門(Arco da Porta Nova)，繼續往前便是舊城區。只有前往郊區的山上仁慈耶穌朝聖所，需於火車站前搭乘2號公車前往。

Highlights：在布拉加，你可以去～

① 山上仁慈耶穌朝聖所
Santuário do Bom Jesus do Monte

建城逾2,000年的布拉加(Braga)，是葡萄牙歷史最悠久的城市之一，曾被羅馬帝國的奧古斯都皇帝選為伊比利亞省首府。布拉加也是主要的宗教中心，中世紀時教區的權勢、地位亦盛極一時，加上布拉加位在聖地牙哥朝聖之路的途徑上，城市中處處可見宗教文化的痕跡。

這裡最有名的景點是位於市郊耶穌山上的教堂——山上仁慈耶穌朝聖所，這裡是羅馬天主教徒的朝聖地，1373年有第一座小堂，現在的教堂則建於1784年，是葡萄牙早期的新古典主義式風格。

ⓟP.133B1 🚌從Braga火車站前轉乘2號巴士於終點站下車，車程約20分鐘，巴士約30分鐘一班次 📍Estrada do Bom Jesus, Tenões ☎253-676-636 🕐夏季08:00~19:00、冬季09:00~18:00 💲免費，搭乘纜車單程€2、來回€3 🌐bomjesus.pt

到達教堂前要先經過三段階梯，第一段階梯兩旁有數間供奉耶穌受難事蹟的小堂；第二段階梯是之字形巴洛克式台階，高達116公尺，每一層平台都裝飾有造型各異的聖人雕像和噴泉，噴泉水分別從眼、耳、鼻、口等不同部位流出，象徵五感，由下往上看相當壯觀，讓教堂成為辨識度最高的葡萄牙教堂；第三段階梯則是迴旋階梯，階梯間搭配包含信、望、愛的意義的噴水池。這一條朝聖之路走起來不免氣喘吁吁，據說從前虔誠的教徒都是跪拜而上！

如果不想花力氣爬山，也可搭乘自1882年使用至今的登山纜車，這是伊比利半島仍在使用的最古老纜車，採用水平衡方式產生動力，3分鐘內就能爬升將近300公尺的高度。

從教堂前的平台眺望，景色開闊，布拉加市區和北部平原丘陵一覽無遺。

主教堂融合了曼努爾、羅馬、巴洛克等各種不同的建築風格，精緻的雕刻與鍍金的華麗裝飾，細細欣賞，可得花上大半天。

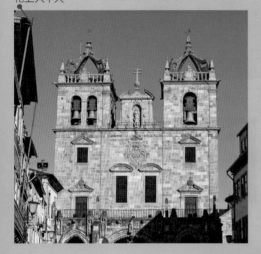

Did YOU KnoW

其實阿方索與母親曾經大打出手…

由於當初阿方索父親的封地蒙德戈河與杜羅河河間地帶(現今葡萄牙)，就是岳父卡斯蒂利亞和萊昂國王送給她的嫁妝，而且阿方索繼位時十分年幼，所以在阿方索父親死後國家就交由他的母親特麗莎(Teresa)攝政，在此期間特麗莎有了要好的情夫——加利西亞的貴族費爾南多•佩雷斯，於是她動起歪腦筋想剝奪阿方索的繼承權，好讓自己跟情夫掌握更多權力。

但隨著阿方索逐漸長大成人，他也急於想奪回屬於自己的一切，於是兩人的衝突開始加劇，最後演變成1128年母子兩派勢力的聖海梅戰爭，最後阿方索擊敗母親贏得了勝利，才順利得到統治權。

2 主教堂
Sé de Braga

葡萄牙最古老的教堂，4世紀時，位於此處的教堂被摩爾人摧毀，目前所看到的主教堂建於12世紀，由葡萄牙第一任國王阿方索的父親與妻子在原先的遺址上建造。教堂左側設有珍寶室，收藏了16~18世紀的宗教聖物、繪畫等文物。

⊙P.133B1 ⊙由火車站步行10分鐘即達 ⊙R. Dom Paio Mendes ⊙09:30~12:30、14:30~17:30(夏季至18:30) ⊙主教堂€2、詩班席導覽€2、珍寶室€3 ⊙se-braga.pt

若參加了詩班席導覽，就可以仔細地觀賞鍍金的詩班席位，欣賞滿牆都是磁磚畫的聖傑拉德禮拜堂(Capela de Sao Geraldo)，還有國王阿方索雙親長眠之地的多斯雷斯禮拜堂(Capela Dos Reis)。

花園中央的噴水池佇立著殉道聖人聖巴巴拉(Bárbara de Nicomedia)的雕像，成了花園名字的由來。

3 聖巴巴拉花園
Jardim de Santa Barbara

1955年重新開放的花園設計精巧，有著整齊的花圃，色彩繽紛花朵，就坐落在歷史悠久的大主教布拉加宮(Paço Arquiepiscopal Bracarense)旁，花崗岩城牆下的小小浪漫空間，是漫步與稍作休息的好地方，附近的行人徒步街上則到處都是咖啡店。

⊙P.133B1 ⊙由主教堂步行約4分鐘即達 ⊙Rua Justino Cruz

一趟車程只要1小時左右，
一日遊剛剛好！

\ 推薦3 /

距離波爾圖
約50公里

搭乘火車
約75分鐘

踏上吉馬萊斯磨到光亮的石板路，順著蜿蜒窄巷前行，鍛鐵陽台和木造房舍引領遊人走進奧莉薇拉廣場的中世紀時光。

MAP P.137 吉馬萊斯 Guimarães

如何前往

◎火車

吉馬萊斯距離波爾圖僅50公里，從波爾圖開往吉馬萊斯的普通列車每日約有12~16班次，從聖本篤火車站出發，車程約1小時15分，每小時1班次。購票及火車時刻表可上網或至車站查詢。

葡萄牙國鐵Comboios de Portugal

📱www.cp.pt

◎長途巴士

Get Bus提供每日從波爾圖機場往返吉馬萊斯的巴士路線，每日約有12個班次，車程約50分鐘。

Get Bus

💲單程全票€8、優待票€4、來回全票€14、優待票€8

📱www.getbus.eu

玩吉馬萊斯用走的就可以！
市區面積不大，步行是最好的遊覽方式。由吉馬萊斯火車站步行至舊城區約10分鐘路程。

info

◎遊客服務中心

📍P.137A2

📍Largo Cónego José Maria Gomes

☎253-421-221

🕐平日09:30~18:00、週六10:00~18:00、週日10:00~17:00

📱www.visitguimaraes.travel

吉馬萊斯舊城牆上寫著一行字「Aqui Nasceu Portugal」，意思就是葡萄牙誕生之地，因為這裡是葡萄牙第一任國王阿方索·亨里克(Afonso Henriques)的出生地，所以這個中世紀古城也被認為是「葡萄牙的搖籃」，2001年被聯合國列為世界文化遺產城市。

在奧莉薇拉廣場(Largo da Oliveira)的教堂旁佇立著獨特的哥德式小神殿，旁邊則為聖地牙哥廣場(Praça de Santiago)，早期是迎接朝聖者的地方，現在則以餐廳和咖啡館迎接來自世界各地的旅客。若時間充裕，不妨從舊城區外搭乘纜車，登上佩尼亞山(Monte da Penha)，就可看到附近地區美麗的全景。

山坡上有著建於15世紀的布拉岡薩公爵宮殿。

往山丘上步行，諾曼式的樸實小教堂是阿方索受洗的聖米格爾教堂(Capela de S. Miguel)，而教堂後方就是吉馬萊斯城堡。

吉馬萊斯

A · B · N

1
- 🅱 吉馬萊斯城堡 Castelo de Guimarães
- ✚ 聖米格爾教堂 Capela de S. Miguel
- ⊕ 公爵宮殿 Paço Dos Duques

布拉岡薩

往 🄷 吉馬萊斯莫斯泰羅飯店→
Pousada Mosteiro de Guimarães

R. Dr. Joaquim de Meira
R. João Lopes de Faria
R. de Gil Vicente
R. de Santa Maria

←往巴士站

2
- 🅱 奧莉薇拉聖母教堂 Igreja de Nossa Senhora da Oliveira
- 🄻 Largo do Toural
- 葡萄牙建國地標 Aqui Nasceu Portugal
- R. Paço Galvão
- Largo Republica do Brasi
- R. do Rei Pegu
- 往纜車站 Teleférico de Guimarães

🄰 ↓往火車站   🄱

| ⊙景點 | 🄱城堡 | 🄻廣場 | ℹ遊客中心 |

同場加映：離開波爾圖的周邊小旅行

Highlights：在吉馬萊斯，你可以去～

① 布拉岡薩公爵宮殿
Paço dos Duques de Bragança

吉馬萊斯舊城區依據山勢而建，布拉岡薩公爵宮殿與城堡就坐落在吉馬萊斯山頂上。到了19世紀，宮殿曾一度荒廢為廢墟，直到20世紀重新整修，才恢復了目前的面貌。宮殿中仍保留了中世紀格局的房間、宴會廳，現在地面層為小型現代藝術博物館，展示葡萄牙畫家José de Guimarães捐贈給市府的作品，1樓則展出17世紀傢俱、古董掛毯、武器的複製品。

♪P.137B1　🚶火車站步行至舊城區約15分鐘即達　📍
Rua Conde D. Henrique　☎253-412-273　🕐
10:00~18:00　休1/1、復活節週日、5/1、6/24、12/25
💲全票€5、優待票€2.5　🌐pacodosduques.gov.pt

宮殿建造於1401年，39根紅磚砌成的圓柱型煙囪是最大特色，建築風格受到法國封建領主宅邸的影響，被認為是葡萄牙北方豪宅的典範。

同場加映：離開波爾圖的周邊小旅行

Highlights：在吉馬萊斯，你可以去～

② 吉馬萊斯城堡
Castelo de Guimarães

位於山丘頂端的吉馬萊斯城堡建於10世紀，1139年阿方索脫離卡斯提亞王國獨立，成為葡萄牙第一個國王，這座城堡就是他的出生地。當時阿方索選定吉馬萊斯為首都，擴建城堡並加強防禦功能，直到1,200年以前，這裡都被當作皇室居所。

🅐P.137B1 🏠Rua Conde D. Henrique ☎253-412-273 🕙10:00~18:00 休1/1、復活節週日、5/1、6/24、12/25 💲全票€2、優待票€1 🌐pacodosduques.gov.pt

這裡具有典型的中世紀城堡結構，城牆高聳，具易守難攻的特性，原本是用來抵抗維京人和摩爾人的入侵。

雖然城堡主建物內部已不復當時樣貌，登上城垛眺望吉馬萊斯，仍能想像數百年前戰場攻守的激烈。

Did You Know

葡萄牙心目中的七大奇蹟！

葡萄牙人在2006年曾選出他們心目中境內的七大奇蹟建築，其中吉馬萊斯城堡便有上榜；其他還包括：

- 阿寇巴薩修道院(Mosteiro de Alcobaça)
- 傑羅尼摩斯修道院 (Mosteiro dos Jerónimos)
- 佩納宮(Palácio da Pena)
- 巴塔哈修道院(Mosteiro da Batalha)
- 歐比多斯城堡(Castelo de Óbidos)
- 貝倫塔(Torre de Belém)

Did You Know

挖樹引起喧然大波

橄欖樹奇蹟一直是該教堂廣為人知的歷史傳說，然而在過去，有一棵橄欖樹十分不巧地正好長在了教堂前方，長年以來佔據此地空間，所以在1801年，地方議會決定將它挖除，不料這件事卻引起當地人的大力抗議，雖然最後議會還是強硬的執行挖樹行動，但從居民的反對聲浪，就可知道橄欖樹對於此座教堂不同凡響的意義。

教堂外的廣場(Largo da Oliveira)上有座獨特的拱門建築，是為了紀念14世紀的薩拉多戰役(Padrão do Salado)，當時葡萄牙與卡斯提亞聯手擊退摩爾人軍隊。

另有傳說這裡是7世紀時，西哥德(Visigothi)國王Wamba戰勝蘇維匯人(Suevi)，將長矛插入土地，並奇蹟的長出橄欖樹的地方，因此聖母教堂又被稱為橄欖樹聖母教堂。

③ 奧莉薇拉聖母教堂
Igreja de Nossa Senhora da Oliveira

教堂建於949年，由當時伊比利半島西北區最有權勢、最富有的女性──伯爵夫人Mumadona Dias受到感召後創建，當時為了保護修士的安全，她也建造了山頂上的城堡。

🅐P.137A2 🏠Largo da Oliveira ☎253-416-144 🕙週一至週六08:30~12:00、15:30~19:30，週日09:00~13:00、17:00~20:00

航向科英布拉的偉大航道

如何前往

火車

從里斯本Santa Apolonia火車站出發,搭乘IC(Intercidades)城際快車或AP(Alfa Pendular)高速火車約1.5~2小時,每小時1~3班次。或從波爾圖Campanhã火車站出發,車程約1~1.5小時,每小時1~2班次。購票及火車時刻表可上網或至車站查詢。

科英布拉共有2個火車站,科英布拉火車站A(新站)就在市中心,但科英布拉火車站B(舊站)在市區3公里外遠。IC列車和AP長程高速火車都會停在B站,可以在對面月台轉搭區間車到A站。

葡萄牙國鐵 🚆www.cp.pt

長途巴士

從里斯本巴士總站Terminal de Sete Rios出發,搭乘Rede Expressos營運的巴士,車程約2.5小時,每小時約1~4班次。長途巴士站位於蒙德古河畔,步行至市中心約5分鐘。

Rede Expressos
🚌redeexpressos.transport-ticket.com

科英布拉行前教育懶人包

INFO
基本資訊
人口：約14萬人　**面積：**319.4平方公里

市區交通
　　舊城區面積不大，除了新聖克拉拉修道院以外，其他景點集中於蒙德古河右岸，可以步行方式遊覽。觀光區集中在大學所在的丘陵處。

旅遊諮詢
遊客服務中心

⌂Rua Ferreira Borges 20

☎239-488-120

◷6月中旬~9月中旬09:00~20:00(週末至18:00)；9月中旬~6月中旬平日09:00~18:00、週末09:30~17:30(12:00~13:00休息)

🌐turismodocentro.pt

科英布拉

聖十字教堂 Igreja de Santa Cruz		科學博物館 Museu da Ciência
Praça do Comércio	卡斯特羅國家博物館 Museu Nacional Machado de Castro	新主教堂 Sé Nova
Coimbra A 火車站	舊主教堂 Sé Velha	
	城門 Porta de Barbacã	
Largo da Portagem		科英布拉舊大學 Universidade de Coimbra
		喬安娜圖書館 Biblioteca Joanina
往 新聖克拉拉修道院 Convento de Santa Clara-a-Nova		

🔵廣場　✝教堂　🏛博物館
🚆火車站　🚌巴士站　🎓學校
🚌巴士站

1分鐘速玩科英布拉
科英布拉舊大學盤據在小山丘的頂端，順著階梯拾級而上，或許有許多穿著黑色學士服的大學生迎面而來，或許你會隨著他們的背影走到舊大學，接而遊覽舊教堂、新教堂和國立雕像博物館，回到市區後，順著主要購物街R. Ferreira Borges一路閒逛下去，最後在聖十字修道院前的五月八日廣場喝杯咖啡，走入當地人的日常。
黃昏時刻漫步聖克拉拉橋(Ponte de Santa Clara)，橫跨蒙德古河(Rio Mondego)，沿著山丘而建的大學城在夕陽下閃耀玫瑰色澤，而法朵的樂音已不經意從小酒館悄悄流溢到街上…

充滿活力的世界遺產大學城！

科英布拉
Coimbra

科英布拉

這是一座古老的城市，葡萄牙第一任國王阿方索·亨里克(Afonso Henriques)於12世紀將首都從吉米瑞斯(Guimarães)搬遷至此，接著6位國王誕生於此，被列為世界文化遺產的最古老大學也坐落於此。

這也是個充滿活力的城市，一半以上的人口是大學生，青春歡鬧洋溢在廣場、酒吧與街頭巷尾。葡萄牙民謠命運之歌(Fado)在此發展出另一種版本，由學生主唱的法朵更偏向輕盈的民謠，正如科英布拉的特質，年輕的思想傳承古老的傳統。

曾是最古老皇宮、歐洲最古老大學！
至今科英布拉舊大學也仍有看頭！

王牌景點 ❶

從12~15世紀以來居住著歷任的君王，除了佩德羅一世外，第一個朝代的君王都在此誕生。此外，在1385年時這裡也是葡萄牙第一次成立國會的地方。在阿方索五世後，皇宮便被荒廢許久，直到了曼努埃爾一世(Manuel I)才開始著手整修，進而成為當時在歐洲數一數二的皇宮！

科英布拉：科英布拉舊大學

◎從科英布拉火車站步行約15分鐘可達

至少預留時間
僅逛逛校園：約40分鐘
參加導覽團：約1.5~2.5小時

⊙Largo da Porta Férrea
☎平日239-242-744、週末239-859-884
◷舊皇宮與售票處09:00~18:00、科學博物館09:00~18:00(13:00~14:00休息)、植物園09:00~20:00(10~3月至17:30)
ⓧ1/1、5/25、12/24~25、12/31
Ⓢ導覽團：舊皇宮校區(聖米歇爾禮拜堂、皇宮、植物園和化學實驗室等)含喬安娜圖書館全票€17.5、不含喬安娜圖書館全票€11
ⓦvisit.uc.pt

🔊 喬安娜圖書館內部禁止拍照。

MAP
P.140
B2

科英布拉舊大學
Universidade de Coimbra

　　在摩爾人佔領的時代，舊大學校區是當時城市長官居住的碉堡，葡萄牙第一位國王阿方索(Afonso Henriques)於1130年選擇科英布拉為首都，這裡就順理成章的成為皇宮(Paço Real de Coimbra)，也是葡萄牙最古老的皇宮。

　　最古老的曼努埃爾式大門(Porta Férrea)是進入大學主要門戶。精華參觀區域集中於中庭四周，包含舊皇宮內部的部分區域、建於1728年被大學生暱稱為「山羊」的巴洛克式鐘塔(Torre)、喬安娜圖書館和聖米歇爾禮拜堂。

造訪科英布拉舊大學理由

① 歐洲最古老大學之一

② 曾是葡萄牙最古老皇宮

③ 擁有最華麗的葡式巴洛克圖書館

葡萄牙第一所大學由狄尼斯國王(King Dinis)成立於1290年，直到若昂三世(Joãn III)在1537年將大學遷移到科英布拉前，大學的位置一直在里斯本和科英布拉之間輪替，若昂三世的舉動改寫了大學的歷史並奠定城市的地位。現今大學的中庭露台(Patio das Escolas)，仍可見到若昂三世的雕像面對著大學。

科英布拉大學是歐洲最古老的大學之一，1911年以前，也一直是葡萄牙語區的唯一一所大學。

怎麼玩科英布拉舊大學才聰明？

安排一條散步行程

如果想參觀舊大學，可以從市區最熱鬧的Ferreira Borges開始走，經過舊城門往上坡到主教堂，再往上到卡斯特羅博物館眺望城市風景，最後到旁邊的舊大學參觀；這樣一條悠閒的散步路線，走起來很舒服。

事先網路購票和預約時間

很多人來到科英布拉舊大學是為了喬安娜圖書館而來，但圖書館有參觀人數和時間管制，而且一定要參加導覽團，所以最好事先在網路預約時間和購票。

導覽團需安排足夠時間

如果行程緊湊，則要考慮是否參加導覽團，一般來說，含喬安娜圖書館的導覽約2.5小時、不含喬安娜圖書館約2小時，只參觀科學博物館至少也要1.5小時。

也可當場買票

現場購票可在科學博物館對面的大學訊息中心售票處購買；但由於參觀喬安娜圖書館的導覽團時間都需事先安排，所以建議先買票確定參觀時間，在這之前就可先到其他景點或校園走走。

號稱「歐洲常春藤聯盟」的科英布拉集團(Coimbra Group)

以科英布拉大學為創建地的科英布拉集團成立1985年，是由40個歐洲最古老及最負聲名的大學構成的高等教育網絡，成員包括德國海德堡大學、瑞士日內瓦大學、英國愛丁堡大學、西班牙薩拉曼卡大學、俄羅斯聖彼得堡國立大學知名學府，旨在相互交流並提升歐盟高等教育的水準，普遍被視為如美國常春藤聯盟般的歐洲優秀高等教育聯盟！

科英布拉：科英布拉舊大學

別只在校園走走，付費景點絕對值得一覽！

科英布拉：科英布拉舊大學

喬安娜圖書館
Biblioteca Joanina

興建於1717年的喬安娜圖書館，堪稱是世界上最華麗的葡萄牙式巴洛克圖書館。大門口雕有皇家家徽，館內天花板有三幅以知識、學問為主題的巨型彩繪。圖書館的中間層以前是特別藏書區，只開放給特定人士借閱，最底層則是學生違反紀律時處罰作用的學術監獄。

喬安娜圖書館是以捐贈人若昂五世之名所起名的，館內則掛有他的肖像；書架、木梯都雕飾著複雜的花紋，看的令人眼花撩亂，6萬本16~18世紀的藏書極具歷史價值。

©flickr-Martien Brand

☞ 有此一說～

養蝙蝠吃書蟲？
古老的喬安娜圖書館有許多珍貴的百年藏書，為了保護這些脆弱的書籍，除了室內放滿除濕機嚴格控制濕度外，消滅書蟲也成一大重點，據說館方便想出一個奇特的妙招——在圖書館裡養起「吃蟲的蝙蝠」，讓討厭的書蟲成為夜行蝙蝠們的宵夜，而書以外的區域則用布蓋起來防止被蝙蝠的排泄物弄髒；參觀這裡時不妨仔細找找，或許有機會發現那些少數沒睡覺的蝙蝠喔！

巴洛克式的管風琴亦是焦點。

聖米歇爾禮拜堂
Capela de São Miguel

現在的禮拜堂大約建於15~16世紀，大門為曼努埃爾式的設計，內部裝飾則是17~18世紀的風格，以覆蓋所有牆面的藍白磁磚、天花板上裝飾繁複的繪畫、祭壇和最有看頭。

儀式大廳
Sala dos Capelos

原本是皇宮宴會廳，於1544年改成大學舉辦重要儀式的場所，包含授命教長、開學典禮、博士榮譽勳章等。廳內精緻的天花板十分壯觀。

四周牆面掛滿了歷年來葡萄牙國王的肖像。

修道院院長肖像。

考試廳
Sala do Exame Privado

原是皇宮內國王的臥室，在1544年改建成用來舉辦不對外公開的莊嚴儀式場合。現今的設計是在1701年所做的改變，主要是增加了18世紀修道院院長的肖像，和增加了由José Ferreira de Araújo所繪的精緻天花板。

**科英布拉最熱鬧的日子——
燃帶節Queima das Fitas**

每年5月上旬畢業季就是科英布拉陷入狂歡的日子，為期一週的畢業節慶，每天都是屬於不同系所的畢業日。

畢業生穿著學士服、披著像哈利波特中霍格華滋的黑斗篷，在校園、廣場、酒吧和街上聚集歡呼，而最後的高潮就是將代表系所的彩色緞帶丟入火爐中。

這項傳統的緣由是在大學初創時，為了要區別學生所研讀的科目，便在學士服繫上有顏色的緞帶，以紅色代表法律系、黃色代表醫學系、深藍色代表文學系，畢業時各系所會以不同顏色的花車遊行慶祝，最後將緞帶丟入燃燒的火爐中，象徵學生生涯的結束。

在葡萄牙最好的**羅馬式建築**裡，享受最美的寧靜時光！

舊主教堂外觀似堅固的碉堡，被公認為是葡萄牙最好的羅馬式建築，在大主教的管轄區遷移到新教堂(Sé Nova)之前，一直扮演科英布拉居民的心靈寄託。

科英布拉：舊主教堂

◎從科英布拉火車站步行約10分鐘可達

至少預留時間
僅在門口拍照：約10分鐘
靜心參觀享受慢時光：約1小時

ⓘ
📍Largo Sé Velha
☎239-825-273
🕐週一至週五10:00~17:30、週六10:00~18:30、週日和宗教節日11:00~17:00
🚫1/1、復活節週日、5/1、12/25
💲€2.5

MAP P.140 B1

舊主教堂
Sé Velha

　　1162年，第一位國王阿方索在舊有教堂上興建這座主教堂，主祭壇前方還能看到10世紀初舊教堂建立時的基石。

　　阿方索於此地將科英布拉定為葡萄牙的首都，他的兒子桑喬一世(Sancho I)也在這裡加冕為王。正門入口雕飾看出受伊斯蘭文化的影響，華麗的左側門則是João de Ruão所創作，被稱為Porta Especiosa(美麗之門)，是葡萄牙文藝復興式的精品，也是科英布拉藝術及文化水準的代表。

造訪舊主教堂理由

1 全葡最好的羅馬式建築

2 曾是居民心靈寄託中心

3 美麗之門是科英布拉藝術文化代表

怎麼玩
舊主教堂才聰明？

該不該進入參觀

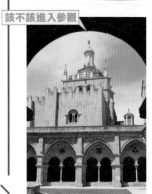

舊主教堂外觀樸素不起眼，空間也不算大，因此會讓人考慮是否進入參觀；但很多人在看過後，都對它優美的**羅馬建築設計**印象深刻，並喜歡上它自然散發出的**平和靜謐氣息**，走入其間彷彿進入了另一個時空；而且門票也差不多一個漢堡的錢，其實是值得一看！

順道去逛舊城門

逛完舊主教堂後，附近約3分鐘的步行路程有座**漂亮的拱形城門**(Porta de Barbacã)，可以順道去拍照！

教堂內的墓碑包含有13世紀大主教法埃斯(D. Egas Fafe)，與曾是拜占庭公主並且是科英布拉宮廷女教師的薇塔卡(D. Vataça)。

哥德式的修道院迴廊氣氛靜謐，每個拱門的山形牆都有不同的圖樣。

內部祭壇

意猶未盡？！
這個城市還有更多歷史景點值得探索～

MAP
P.140
B1

卡斯特羅國家博物館
Museu Nacional Machado de Castro

　　卡斯特羅國家博物館前身是主教宮，這裡展示著許多傑出的雕塑品，還包括有15世紀後的葡萄牙繪畫、掛毯、家具等物件。

　　博物館以出生在科英布拉，18世紀葡萄牙最偉大的雕塑家——Joaquim Machado de Castro命名。利用12世紀修道院迴廊，成為光線充足的展示空間。

從火車站步行約15分鐘 Largo Dr. José Rodrigues 239-853-070 10:00~18:00 週一、1/1、復活節週日、5/1、7/4、12/25 全票€8 www.museusemonumentos.pt

最豐富的收藏是來自教堂的雕像及建築雕塑，依時間順序展示，從古羅馬、中世紀、哥德到文藝復興時期的宗教藝術，整個聖克拉拉修道院幾乎都放進博物館中了，除了全葡萄牙最好的雕塑作品，也收藏歐洲其他地區的作品。

隱藏在博物館的地底，是葡萄牙保存最好的羅馬遺跡之一，迷宮一般的雙層式走道，推測可能是用來支撐羅馬時期的公共集會廣場。

聖十字教堂
Igreja de Santa Cruz
`MAP P.140 A1`

位在購物街Rua Ferreira Borges盡頭的聖十字教堂，是葡萄牙建國之初最重要的修道院，由第一位國王阿方索於1131年所建，除了擁有國家先賢祠的地位，華麗的曼努埃爾式正門更是五月八日廣場(Praça 8 de Maio)上最亮眼的焦點。

🚶從火車站步行約10分鐘　📍Praça 8 de Maio　📞239-822-941　🕙週一至週六09:30~16:30、週日和宗教節日13:00~17:00　🚫1/1、復活節週日、燃帶節、10/24、12/25　💲教堂免費，聖器室和迴廊€4　🌐www.upaeminium.pt

聖十字教堂包含教堂、修道院和迴廊空間，最初為羅馬式風格，16世紀以後加入曼努埃爾和文藝復興元素。

教堂牆面佈滿美麗的18世紀磁磚，右邊描述的是聖奧古斯丁的一生，左邊則是神聖的十字架；聖壇兩側雕刻精細的陵寢屬於葡萄牙建國之初的兩位國王：阿方索·亨里克和桑喬一世(Sancho I)。此外，文藝復興式的講道壇和曼努埃爾式拱頂也值得注意。

聖器收藏室裡展示多幅的繪畫與聖袍，其中一幅是由16世紀葡萄牙畫家的16世紀貴族葛維斯可所製的聖靈降臨節(Pentecost)。

科英布拉的伊莎貝爾

伊莎貝爾皇后(Dona Isabel)又被稱為「科英布拉的伊莎貝爾(Isabel of Coimbra)」，因為她出身此地，父親正是科英布拉公爵彼得(Peter Coinbra)，而在父親去世、兄長被流放的那段時期她更是科英布拉地區的實質統治者，直到1454年兄長返回葡萄牙她才交出管理權，所以她與此地淵源甚深，也難怪在1625被封為科英布拉的守護聖人了！

新聖克拉拉修道院
Convento de Santa Clara-a-Nova
`MAP P.140 A2`

在蒙德古河(Rio Mondego)左岸的聖克拉拉修道院建於1649年，是伊莎貝爾皇后(Dona Isabel)高雅的墓碑所在地。她於1625被封為科英布拉的守護聖人，1677年遷棺至此。

來到這裡可以看見葡萄牙人個個虔誠的膜拜，還有大量的遊覽車載著老先生老太太來此參觀，真是可比喻如同咱們台灣的「進香團」。

🚶從火車站步行約20分鐘；或是搭乘市區巴士6、14號前往　📍Calçada Santa Isabel　📞239-441-674　🕙08:30~18:30(週日至18:00)　💲教堂和修道院迴廊€2，教堂、展覽、迴廊、涼亭全區€5　🌐rainhasantaisabel.org

祭壇除了擺放銀製的棺木外，還掛著她曾穿過的衣服；四周18世紀的油畫和木板畫描述的是她畢生的生活和如何將她的棺木遷移到此的故事。

參觀完修道院別急著離開，修道院前的平台擁有可俯瞰蒙德古河和大學城的絕佳景觀。

離開科英布拉的周邊小旅行

科英布拉周邊有不少極具特色的小鎮，像是有「葡萄牙的威尼斯」之稱的阿威羅、孕育文藝復興重要畫家「格勞瓦斯科」的「維塞烏」、葡萄牙最高城鎮「瓜達」和位於它附近、具有壯觀星狀堡壘的「阿爾梅達」，另外就是擁有巴洛克風格的主教宮殿花園的「布蘭可堡」，以及它周邊一座美麗而隱世的巨石村——「蒙桑圖」；這些小城鎮都適合從科英布拉出發，安排一日或二日遊！

阿威羅
Aveiro

維塞烏
Viseu

瓜達
Guarda

科英布拉
Coimbra

蒙桑圖
Monsanto

布蘭可堡
Castelo Branco

馬爾旺
Marvão

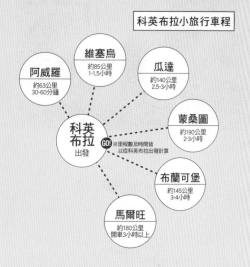

科英布拉小旅行車程

阿威羅
約63公里
30-60分鐘

維塞烏
約85公里
1-1.5小時

瓜達
約140公里
2.5-3小時

蒙桑圖
約190公里
2-3小時

科英布拉
出發 GO!
※里程數及時間皆以從科英布拉出發計算

布蘭可堡
約145公里
3-4小時

馬爾旺
約180公里
開車3小時以上

搭火車或巴士不用1小時可達，一日來回剛剛好！

當天來回的行程

\推薦1/
距離科英布拉
約62公里
搭乘巴士
約45分鐘

阿威羅

A	B
Tasca Palhuca	◎景點　✝教堂　☆廣場　🛍購物
	ⓘ遊客中心　🏛博物館

1　Tasquinha Do Leitao　真十字教堂　Igreja da Vera Cruz　**1**

新藝術博物館　漁市場
Museu de Arte Nova
Pç Melo Freitas

市立博物館　🏛
Museu da Cidade de Aveiro　　Canal do Cajo

中央運河
Canal Central　　Forum Aveiro 購物中心

慈悲教堂
Igreja da Misericórdia　✝

2　往▶Vista Alegre瓷器工廠&博物館　　大教堂　**2**
Vista Alegre Porcelain Factory&Museum　Sé Catedral de Av
往▶陽光海灘　　阿威羅美術館
Costa Nova　　Museu de Aveiro

MAP
P.151

阿威羅
Aveiro

如何前往

◎火車

從科英布拉火車站B出發，搭火車約需30~55分鐘，每小時1~4班次。

亦可從波爾圖Campanhã出發，搭乘地區火車約1小時15分，每小時約有3個班次，若搭IC(Intercidades)城際快車，只比地區火車快一點，但價格卻顯得昂貴許多。若開車前往，與兩個城市間的車程大約都50分鐘。

・葡萄牙國鐵

🌐www.cp.pt

◎長途巴士

若搭巴士，可從科英布拉巴士站搭乘Rede Expressos營運的巴士，每日約5個班次，車程約45分鐘。亦可從里斯本Lisboa Sete Rios搭乘Rede Expressos巴士，車程約3~4小時，每日約11個班次。

・Rede Expressos

🌐rede-expressos.pt

中央運河旁造型別緻、色彩鮮豔的木船Moliceiro是阿威羅最鮮明的形象，以前是居民在沿海和潟湖採集藻類的船隻，現在則是最受旅客歡迎的遊船，仔細觀察船首和船尾的彩繪，主題帶點戲謔與低級，猜不透當地人的幽默。

阿威羅傳統點心
Ovos moles de Aveiro

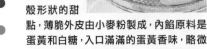

名為Ovos moles的傳統蛋製甜點是阿威羅的特色，做成小船或貝殼形狀的甜點，薄脆外皮由小麥粉製成，內餡原料是蛋黃和白糖，入口滿滿的蛋黃香味，略微甜膩的滋味最適合搭配一杯濃縮咖啡。Ovos moles最早起源於15世紀的修道院修女們，如今在阿威羅的點心或咖啡店都能找得到。

同場加映：離開科英布拉的周邊小旅行

搭火車或巴士不用1小時可達，
一日來回剛剛好！

新藝術建築大多分佈在主運河旁，包括市立博物館(Museu da Cidade)、新藝術博物館(Museu Arte Nova)等，也可向遊客中心索取地圖，按圖索驥。

阿威羅位於河海交界，盛產海鹽和海鮮，隨便一家餐廳或是漁市場都能嚐到鮮美海味。

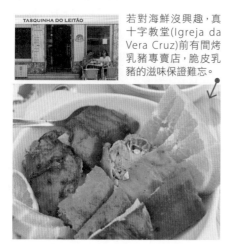

若對海鮮沒興趣，真十字教堂(Igreja da Vera Cruz)前有間烤乳豬專賣店，脆皮乳豬的滋味保證難忘。

info

◎阿威羅遊客中心

⬆P.151A1　◉R. João Mendonça 8

☎234-420-760

◷平日09:00~18:00、週末09:30~17:30

(13:00~14:00休息)

⬇turismodocentro.pt

　「葡萄牙的威尼斯」阿威羅也許不若威尼斯華麗繽紛，但這個運河貫穿的城鎮，像是大西洋岸邊的五彩貝殼，小巧可愛，踱步在拼貼纜繩圖案的石板道路上，那一派悠閒的緩慢步調，卻更讓人放鬆。

　市中心幾棟新藝術風格的建築相當醒目，曲線鑄鐵窗台裝飾花鳥、藤蔓、樹葉等自然元素、搭配華麗的彩繪玻璃，將運河妝點的更加浪漫。

靠雙腳和免費自行車就能玩
阿威羅市區地勢平坦，很適合步行，火車站與巴士總站都位於市中心的東北部，由火車站出發沿著Av. Dr. Lourenço Peixinho往西南方直行，便可步行至市中心與中央運河(Canal Central)，路程約15分鐘。若不想走路，在火車站前的市區巴士站也可搭乘巴士抵達。

值得一提的是，阿威羅提供免費的Loja Buga自行車供遊客使用，但需要抵押身分證件。

・**Loja Buga 免費自行車**
⬆Praça do Mercado 2
◷夏季平日09:00~19:00、週末09:00~12:00、13:00~18:00；冬季平日09:00~17:00
⬇buga.cm-aveiro.pt

・**Aveiro Bus**
💲單程€2，10次票一區€7、二區€10
⬇www.aveirobus.pt/circuito-urbano

Highlights：在阿威羅，你可以去～

市中心的老城區非常值得一遊，既有運河也有五彩繽紛的木船(Barcos Moliceiros)，大橋上是最佳的觀景與拍照地點。

① 中央運河 Canel Central

坐落於河口，阿威羅16世紀初期曾是座繁榮的海港，後來泥沙淤積，形成了大量的沼澤地，這裡土地肥沃，畜牧酪農業、鹽田也十分興盛。中央運河的一側可通往古老的街區、魚市場，另一側則通往大教堂、阿威羅美術館與現代化的購物中心(Forum Aveiro)。

◎P.151A2 ◎從火車站步行約14分鐘可達 ⑤搭船遊運河約€10~15

Did YOU KnoW

想跟愛人相守一生就來繫上彩帶吧！

位於河道上的情人橋(Ponte dos Namorados)是當地著名景點，橋上色彩鮮麗的彩帶迎著海風飄盪十分吸睛！據說這是2014年由阿威羅大學(Universidade de Aveiro)的畢業生想出來的好主意——他們為了替這座城市增添色彩，以吸引觀光客，所以建議用彩帶代替鎖，繫在Ponte dos Namorados橋上，這樣既不會加重橋身負擔，視覺效果又更加亮麗，用彩帶綁出的結更象徵了人與人之間密不可分，真是一舉數得！難怪來到阿威羅的人們都爭相與伴侶或朋友來到情人橋親手繫上彩帶討個好兆頭。

② 阿威羅美術館Museu de Aveiro/ Santa Joana

原為15世紀的耶穌修道院(Monastery of Jesus)，如今變為精美的博物館。館內的小教堂旁安放著國王阿方索五世的女兒聖喬安娜的石棺，石棺雕刻精美外面以馬賽克大理石裝飾，她從1472年進入了修道院一直到1490年去世。博物館除了描述公主一生的壁畫，還收藏了10~15世紀的繪畫與藝術品。此外，禮拜堂裡的基督像，站在不同角度觀看，會顯現不同的表情，十分值得一看。

◎P.151B2 ◎從火車站步行約17分鐘可達 ⌂Av. Santa Joana ☎234-423-297 ◎10:00~12:30、13:30~18:00 ⊗週一、1/1、復活節週日、5/1、12/25 ⑤€7

同場加映：離開科英布拉的周邊小旅行

③ 魚市場
Mercado do Peixe

如果想見識當地生活的樣貌，起個大早，前往魚市場就是最好的方式。1910年成立的魚市場至今還依然熱絡，周圍圍著黑色的鐵欄杆，魚販們此起彼落的叫賣海鮮。除了新鮮魚貨以外，魚市場樓上與廣場四周還有許多海鮮餐廳、小酒館，廣場周圍的夜生活也很熱鬧。若沿著魚市場旁的另一處運河往前走，還可見到許多葡萄牙風格、顏色鮮豔的的小屋。

P.151A1　從火車站步行約15分鐘可達　Largo da Praça do Peixe　08:00~18:00　休週一

Vista Alegre工廠與博物館位於小鎮伊利亞武(Ilhavo)上，這裡是品牌的發源地，博物館內展示著為歷代國王創作的瓷器、所有產品線以及創立至今的故事。

④ Vista Alegre瓷器工廠＆博物館
Vista Alegre Porcelain Factory & Museum

葡萄牙的國寶瓷器品牌Vista Alegre已創業近200年，瓷器與餐具愛好者，可以前往位於阿威羅南邊約5公里處的Vista Alegre博物館，以及旁邊的工廠折扣店(Outlet Store)選購一番。

P.151A2　從阿威羅火車站可搭乘前往伊利亞武(Ilhavo)方向的巴士，在 Fábrica de Porcelana da Vista Alegre站下車可達，車程約15分鐘。
R. da Fábrica da Vista Alegre, Ílhavo　234-320-600　10~4月10:00~19:00，5~9月10:00~19:30　商店免費，博物館€6
vistaalegre.com

旁邊的商店則出售打折後的品牌商品。

什麼是藍旗海灘 (Blue Flag beach)？

藍旗海灘是由非營利組織「環境保護教育協會」(Foundation for Environmental Education，簡稱：FEE)針對沙灘、碼頭或划船旅遊經營者頒發的證書，對於授予藍旗的海灘必須通過水質、環境信息和教育、環境管理、安全和服務等4個方面共27項標準的嚴格考核，所以只要看到海灘有著藍旗標章就代表此地擁有高品質的水域環境與服務，可說是海灘界的米其林指南，而Costa Nova就以其得天獨厚的純淨沙灘及完善的設施管理獲得此殊榮，有機會快來體驗看看吧。

⑤ 陽光海灘 Costa Nova Beach

坐落在阿威羅以西約7公里處，有一座到處都是彩色條紋小屋的濱海小鎮Costa Nova，在小鎮的後方，通過一條木製的海邊棧道，就能抵達純淨的陽光海灘，夏日時許多家庭前來日光浴，洋溢著優閒的度假氣氛。

🕐P.151A2 🚌從阿威羅市區巴士站Rua Clube dos Galitos可搭乘前往Costa Nova方向的巴士，車程約40分鐘，每小時有1班次，詳細時刻表可洽遊客服務中心。
🏠Praia da Costa Nova

鎮上的主街兩旁都是紅、黃、藍、綠等各色條紋裝飾的小屋子，以及咖啡廳、紀念品商店。

Did YOU KnoW

阿威羅美味烤乳豬

阿威羅的美味烤乳豬(Leitao)名聲響亮，甚至被稱為是葡萄牙烤乳豬的首都，就在真十字教堂(Igreja da Vera Cruz)前的烤乳豬專賣店值得一嘗，脆皮乳豬的滋味讓人難忘。除了烤乳豬外，市中心也有許多一流的家庭餐館，若想要迅速解決一餐，購物中心樓上的美食街也是另一種方便的選擇(Forum Aveiro)。

Tasquinha do Leitão

🕐P.151 A1 🚶從火車站步行約16分鐘可達 🏠Praça 14 de Julho 6 ☎234-421-073 🕐11:30~21:00(週末及假日至16:00) 🌐 leitaodelevira.pt

Tasca Palhuca

🕐P.151 A1 🚶從火車站步行約19分鐘可達 🏠R. Antónia Rodrigues 28 ☎234-423-580 🕐12:00~15:30、18:30~22:00 ⊗週五下午、週六

同場加映：離開科英布拉的周邊小旅行

從科英布拉出發很方便，
玩好玩滿一天足矣！

歷史上這裡曾住過羅馬人、摩爾人、蘇維匯人(Suevi)、西哥德人(Visigoth)等等，在征戰中被基督徒與摩爾人爭來奪去，直到11世紀才被收復。

推薦2

距離科英布拉
約91公里

搭乘巴士
約80分鐘

老城區中有保存良好的歷史建築，及許多巴洛克、文藝復興時期的老建築。

MAP P.157 維塞烏 Viseu

如何前往

◎長途巴士

從科英布拉或阿威羅出發，車程僅需1~1.5小時。亦可從里斯本Lisboa Sete Rios搭乘Rede Expressos巴士，車程約3.5~4小時；由波爾圖出發，車程需1.5~2小時，每小時至少有一班次。

・Rede Expressos
🌐rede-expressos.pt

市區不大，步行即可遊覽重要景點！
巴士總站位於市中心的西北部，由車站出發沿著Av. Dr. António José de Almeida步行，抵達市中心僅需10分鐘。由於城市建立在起伏的丘陵地上，有許多上坡路段，若攜帶大型行李，建議搭乘計程車會較為方便。
・計程車
☎232-425-444
・巴士總站Bus Station
☎232-427-493

info

◎遊客中心

Viseu Welcome Center
📍P.157B1 📍Adro da Sé ☎232-420-950
🕐09:00~13:00、14:00~17:00(週末至17:30)
🌐visitviseu.pt

◎遊客中心

Viseu Tourist Information Centre
📍P.157A2 📍Rua Formosa 17
☎963-766-214
🕐09:30~13:00、14:00~17:30 ⛔週日
🌐visitviseu.pt

維塞烏位於波爾圖東南方的山地上，西元前149~139年間，葡萄牙第一位民族英雄維里阿修斯(Viriato/Viriathus)帶領此區的路西塔尼亞(Lusitania)原住民長期對抗羅馬人，據說他在這一區居住與避難。

這裡最迷人的莫過於老城區，由大教堂廣場(Adro da Sé)沿著往南的Rua Dom Duarte、Rua Direita兩條街道漫步前行，兩旁有許多16~18世紀的老建築，到處都是熱鬧的商店、紀念品店與餐廳。

A　往巴士總站Bus Stop
遊客服務中心
憐憫教堂
Igreja da Misericórdia
de Viseu
維塞烏大教堂
Catedral de Viseu
Porta do Soar
格勞瓦斯科美術館
Museu Nacional Grão Vasco
景點　美術館
教堂　遊客服務中心
Jardim das Mães
磁磚牆
Painel de Azulejos
O Pateo
共和國廣場-羅西歐
Praça da República-Rossio
維塞烏

這裡也孕育了葡萄家文藝復興時期的重要畫家，格勞瓦斯科(Vasco Fernandes/Grão Vasco, 1475~1542)，城鎮中有座以他名字命名的美術館。

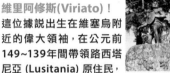

葡萄牙民族英雄——維里阿修斯(Viriato)！這位據説出生在維塞烏附近的偉大領袖，在公元前149~139年間帶領路西塔尼亞 (Lusitania) 原住民，英勇抵抗入侵伊比利半島的羅馬人，並在8年戰爭中重挫了這支橫掃歐洲的大軍，雖然他不幸被暗殺導致功敗垂成，使得伊比利半島的反抗勢力，在羅馬帝國凱薩大帝及奧古斯都大帝的接連清剿下最終消散無蹤，但一生皆與羅馬人奮戰不懈的Viriato，仍被公認是葡萄牙第一位民族英雄，在維塞烏城北的Largo da Feira de São Mateus旁邊還豎立著Viriato的銅像，此銅像也在1910年被列為國家遺跡，由此可見葡萄牙人對他的崇敬！

同場加映：離開科英布拉的周邊小旅行

Highlights：在維塞烏，你可以去～

1 格勞瓦斯科美術館 Museu Nacional Grão Vasco
緊鄰大教堂，美術館位於一座16世紀的主教宮殿建築中，裡面展示著葡萄牙文藝復興時期著名畫家格勞瓦斯科(Grão Vasco)的繪畫作品，包括基督受難等祭壇畫，以及掛毯、雕塑、陶器等珍貴的藝術收藏。
P.157A1　從巴士總站步行約10分鐘可達　Adro da Sé　232-422-049　10:00~13:00、14:00~18:00　休週一、1/1、復活節週日、5/1、9/21、12/25　€4　www.museunacionalgraovasco.gov.pt

4月18日國際古蹟遺址日與5月18日國際博物館日免費入場！

格勞瓦斯科與維塞烏畫派
格勞瓦斯科(偉大的瓦斯科)的原名為瓦斯科費爾南德斯(Vasco Fernandes, 1475~1543)，他對葡萄牙的繪畫風格有很大的影響，與旗下的徒弟們的繪畫風格在後來被稱為維塞烏畫派。

高聳的大門立面最上方是瑪利亞、中間是聖特奧托尼奧 (São Teotónio)，被視為此區的守護神，而周圍則是四福音的使徒馬太、馬可、路加與約翰。

大門內有座修道院以及16世紀的迴廊，牆上鋪滿了美麗的藍白磁磚畫。

教堂大廳內富麗堂皇，有著曼奴埃爾式的天花板與穹頂壁畫。

位於大教堂廣場上，大教堂正對面的是白色的憐憫教堂(Igreja da Misericórdia de Viseu)，大門立面有著洛可可風格與華麗的巴洛克裝飾，莊嚴中帶著活潑的色彩。

② 維塞烏大教堂
Catedral de Viseu (Sé)
維塞烏大教堂是坐落在城市的最高點的教堂，建於12世紀初期，在13世紀與17世紀間歷經了無數次的改建，造型雄偉壯觀，很值得一看。
除了教堂，如果時間允許，還可購票欣賞頂樓博物館內的宗教收藏，並登上頂樓迴廊，俯瞰古城景色。
🔎P.157B1 🚶從巴士總站步行約10分鐘可達 🏠Adro Sé ☎232-436-065 💲大教堂免費，博物館與迴廊€2.5 🕐08:00~12:00(週末09:00起)、14:00~19:00 🌐
www.visitportugal.com/pt-pt/content/se-catedral-de-viseu

Did YOU KnoW

維塞烏美味

維塞烏整個地區屬杜奧(Dão)葡萄酒產區，南部與東部的葡萄園已有2千年的悠久歷史，來到此地別忘了品嚐當地葡萄酒。另外，維塞烏有許多價格實惠的美食餐廳，其中位於老城區中心的O Pateo提供各式燒烤海鮮、肉類、燉飯等菜色，每日套餐更以物超所值的價格吸引來客，特價套餐通常不在菜單上，請留意門口的看板。
Restaurante O Pateo
🔎P.157B2 🚶從大教堂步行約6分鐘可達
🏠R. Direita 48 B ☎232-413-209
🕐12:00~15:00、19:00~22:00 🚫週日、週一

一趟車程2.5小時，
玩一天或兩天都可以！

一日遊或兩日遊行程

葡萄牙最高的城鎮，坐落在海拔一○○○公尺以上的山上，又有葡國之巔的稱號。

＼推薦3／
距離科英布拉
約170公里
搭乘巴士
約2.5小時

MAP
P.159

瓜達
Guarda

如何前往

◎火車

由科英布拉火車站B出發，搭乘IC(Intercidades)城際快車約需2.5小時；由里斯本Lisboa – Oriente火車站出發，搭乘IC快車約需4小時15分；從波爾圖Campanhã火車站出發，搭乘IC快車則約3小時。瓜達火車站位於市中心東北5公里處，有定期巴士連接火車站和市區，若搭乘計程車，車資約€5~10左右。

・葡萄牙國鐵 ⊕www.cp.pt

同場加映：離開科英布拉的周邊小旅行

159

一趟車程2.5小時，
玩一天或兩天都可以！

漫步在猶太老城區鋪著鵝卵石的狹窄街道，兩旁排列著擁擠的石磚房、中世紀的塔樓、城牆與城門，仔細找找，還能看到鑄刻在石頭上的希伯來符號。

◎長途巴士

由科英布拉出發，車程約2.5~3小時。

亦可從里斯本出發，搭乘FlixBus或Rede Expressos營運的巴士，車程約4.5小時；由波爾圖出發，車程約3小時；由維塞烏出發，車程約1小時；由布蘭可堡出發，車程約1.5小時。車站距離舊城中心約800公尺。

· **Rede Expressos**

🌐rede-expressos.pt

info

◎瓜達遊客中心**Welcome Center Guarda**

📍**P.159A2**

📍**Praça Luís de Camões 21**

📞271-205-530

🕐平日09:00~12:30、14:00~17:30、週末09:00~13:00、14:00~17:00

🌐**www.mun-guarda.pt**

用雙腳玩瓜達！瓜達舊城區位於海拔1,000公尺的山上，舊城區不大，徒步便可走遍大部分的景點。

瓜達在葡萄牙文有「守衛」的意思，這座建立於1197年，由花崗岩建造的堅固城鎮，自古以來一直捍衛著葡萄牙的邊境，抵禦摩爾人、西班牙人入侵。

這裡最著名的景點位於賈梅士廣場上，哥德式的瓜達大教堂宛如巨大堡壘般聳立在前，令人印象深刻。

Highlights：在瓜達，你可以去～

① 舊城區Historical Centre

賈梅士廣場(Praça Luís de Camões)是整個舊城區的市中心，整個舊城區至今都在老城牆和中世紀塔樓的之下保存著。

從廣場走到聖文森特教堂後，就進入了13世紀的猶太區(Judiaria)，這裡的建築可以追溯到中世紀，當時大多數猶太人都是商人，房屋還保持著原本的結構，刻在石頭裡的符號與希伯來文也被保存了下來。

📍P.159A2　🚶由大教堂步行約3分鐘可達　🏠R. Francisco de Passos

由賈梅士廣場沿著狹窄的小巷往東北方向步行，會遇到巴洛克風格的白色聖文森特教堂。

舊城區裡的兩座城門Porta da Erva、Porta d'El Rei仍保存良好，如果登上Porta d'El Rei還能俯瞰整個城區與山脈的風景。

② 大教堂Catedral da Guarda(Sé)

賈梅士廣場中心的灰色大教堂由1390年開始建造，直到1540年才完工，期間經過不少大師之手，包括巴塔哈修道院(Batalha)的建築師Diogo de Boitaca，以及雕刻大師João de Ruão之手。

教堂內部在對比之下則顯得輕盈優雅，以美麗的文藝復興時期祭壇最為聞名，4層的白色大理石祭壇上，成列著高達百位人物雕刻，細膩精緻。

📍P.159A3　🚗從瓜達火車站開車，或搭車爬坡約12分鐘可達　🏠Praça Luís de Camões　🕐10:00~13:00、14:00~17:30

大教堂融合了歌德、曼努埃爾等不同建築的風格，建築外觀有著尖塔、飛扶壁、滴水嘴獸，宏偉壯觀。

大教堂廣場旁佇立的雕像則是1199年創建城鎮的葡萄牙國王Dom Sancho I。

Did YOU KnoW

瓜達特色菜餚

瓜達當地傳統菜餚皆來自周圍肥沃山谷中的天然食材，食物美味價廉，服務友善熱情，當地人推薦的家庭餐廳Belo Horizonte提供綜合了蔬菜與各種內臟、香腸、肉類的葡萄牙傳統燉菜(Cozido à portuguesa)、紅酒燉山羊肉(Chanfana à moda)、烤山羊肉(Cabrito grelhado)、烤腸與各式鹽鱈魚乾變化的家常料理。此外，許多主菜的份量都相當大，小食量者可詢問店家兩人合點一份的可能性。

Belo Horizonte

📍P.159B1　🚶從大教堂步行約4分鐘可達　🏠Largo de São Vicente 2　☎271-211-454　🕐12:00~15:00、19:00~22:00　📅週日晚上、週一　🌐restaurantebelohorizonte.com

同場加映：離開科英布拉的周邊小旅行

Highlights：在瓜達，你可以去～

瓜達周邊知名景點——

阿爾梅達(Almeida)

幾個世紀以來，阿爾梅達一直是多方勢力覬覦之地，距離西班牙邊境僅15公里，這座人口不到2,000的小鎮是葡國最好的防禦工事之一，在所有邊境城鎮中，顯得壯觀且具吸引力。

阿爾梅達於1297年時正式成為葡萄牙的領土，1641年時堡壘在中世紀的遺址上重新建造，圍繞著中央的城堡。從空中鳥瞰，它有一個十二角星的外觀，因為眾多互相掩護的稜角，不論敵人從哪個方向進攻，都可從側方或後方反擊。

此外，周圍被巨大的護城河環繞，使得入侵者難以進入，而內部的聯繫則更加緊密與迅速。堡壘還設有自己的供水、隱藏的逃生路線、彈藥室，以及隧道形式的3個拱形門廊，有些是用來欺騙入侵者的假門，十分有意思。近年來，由於軍事功能暫停而沉寂的阿爾梅達因旅遊業而再度復甦起來，鎮上多了咖啡廳、禮品店、民宿，但仍保持著小城寧靜的氛圍，走進城內就宛如走進歷史的時光隧道，值得花些時間慢慢欣賞。

🅿️P.004D2 🚍從瓜達市區東南方的Rua Dom Nuno Alvares Pereira巴士總站乘車，車程約70分鐘，於阿爾梅達Portas de São Francisco外的廣場下車即達。由於班次不多，最好能提前至瓜達遊客中心詢問巴士的抵達時間，要有過夜的準備。由於交通不便，開車自駕是遊覽阿爾梅達最便利的方式。

Transdev巴士
🌐www.transdev.pt

遊客中心Turismo
📍位於城門的通道內，由城內廣場步行約1分鐘可達
🏠Portas de Sao Francisco ☎271-570-020 🕐週一至週五09:00~12:30、14:00~17:00，週末10:00~12:30、14:00~17:30 🌐www.cm-almeida.pt

👉 有此一說～

阿爾梅達其實是阿拉伯文？
由於阿爾梅達位處高地極具戰略意義，人類出現的遺跡甚至可追溯到青銅時代，然而第一個在此地建築防禦工事的是佔領村落的穆斯林，他們以阿拉伯文中的「al-Ma'ida」(高原)為此地命名，雖然之後基督徒再次征服伊比利半島後也趕走了此地的穆斯林，但這個名字卻留存下來演變成現在的阿爾梅達Almeida！

兩天一夜的行程

不管只去布蘭可堡還是延伸到蒙桑圖，最好預留兩天以上時間！

©flickr/Vitor Oliveira

同場加映：離開科英布拉的周邊小旅行

市區景點多位於西北部，無論是漫步在美輪美奐的主教宮殿花園、欣賞弗朗西斯科博物館裡的精美刺繡，或是登上城堡俯瞰周圍鄉村的風景，都令人心曠神怡。

MAP P.164

布蘭可堡
Castelo Branco

\ 推薦4 /

距離科英布拉
約144公里

搭乘巴士
約130分鐘

如何前往

◎火車

由科英布拉火車站出發約需3.5~4.5小時；由里斯本Santa Apolónia火車站搭乘最快的IC(Intercidades)城際快車需2小時51分，搭乘速度較慢的區域列車則須3-4小時。布蘭可堡火車站位於市中心東南方，步行至市區約10分鐘路程。

·葡萄牙國鐵

🌐www.cp.pt

◎長途巴士

由科英布拉出發，最快的車程需2小時10分鐘。亦可從里斯本Lisboa Sete Rios出發，搭乘Rede Expressos營運的巴士，車程約2.5~3.5小時；由波爾圖出發，車程需4~5小時。

·Rede Expressos

🌐rede-expressos.pt

不管只去布蘭可堡還是延伸到蒙桑圖，
最好預留兩天以上時間！

布蘭可堡

弗朗西斯科博物館
Francisco Tavares Proença
Júnior Museum

主教宮殿花園
Jardim do Paço Episcopal

城堡
Castelo of
Castelo Branco

Museu Cargaleiro

圖書館
Biblioteca Municipal

遊客服務中心

Restaurante Pinguim

景點 ✝ 教堂
城堡 🍴 餐廳
火車站 🚌 巴士站
遊客服務中心

巴士總站

火車站

info

◎遊客中心Welcome Center

🅿P.164B2

🚶從火車站往西北方沿著Av. Nuno Álvares步
行約6分鐘可達

📍Av. Nuno Álvares 30　📞272-330-339

🕐平日09:30~19:30、週末09:30~13:00、
14:30~18:00

🚫1/1、4/25、5/1、復活節週日、12/25

🌐cm-castelobranco.pt

葡萄牙12個歷史村落等你去發掘！
由葡萄牙政府進行的歷史村落計畫從
1991年開始，旨在復原及保護對葡萄牙
歷史有著重大意義的古老集村，這12個由
官方選出、具代表性的歷史村落(Historic
villages of Portugal)分別是：
• 阿爾梅達(Almeida)
• 門多堡(Castelo Mendo)
• 諾沃堡(Castelo Novo)
• 羅德里哥堡(Castelo Rodrigo)
• 伊達尼亞・維哈(Idanha-a-Velha)
• 利尼亞雷斯達貝拉(Linhares da Beira)
• 馬里亞爾瓦(Marialva)
• 蒙桑圖(Monsanto)
• 皮奧多(Piódão)
• 索勒特裡阿(Sortelha)
• 貝爾蒙特(Belmonte)
• 特蘭科索(Trancoso)

　　距離西班牙邊境約20公里，中型城鎮布蘭可
堡幾世紀以來遭受別國的侵略與統治，尤其在
19世紀初被拿破崙攻下，大部分的歷史建築都
被摧毀，如今的布蘭可堡成了擁有許多現代建
築的古鎮，這裡新舊並存，有通往里斯本的直
達火車，是前往偏遠小村莊蒙桑圖(Monsanto)
的中繼站。

景點集中，步行即可！
火車站與巴士總站皆位於市中心東南方，沿著Av. Nuno Álvares步行至市區約10分鐘路程，沿途中會經過
遊客中心。大部分景點集中在市中心西北方，步行是最好的遊覽方式。

Highlights：在布蘭可堡，你可以去～

① 主教宮殿花園 Jardim do Paço Episcopal

在西方文化中，聖經中的伊甸園是許多園林建造的靈感來源，花園被認為是連結地球與天堂的一種召喚。

建於18世紀的主教宮殿花園，層層的樓梯旁貼滿藍白的磁磚畫，花壇排列著美麗的圖案，這裡有夏日用來划船避暑的湖泊(位於陽台上)、結實纍纍的檸檬與橘子樹，佈局精心，層次分明，處處藏有玄機。

🏛P.164A1 🚶從火車站步行約16分鐘可達 🏠R. Bartolomeu da Costa 5 ☎272-348-320 🕐4~9月09:00~19:00、10~3月09:00~17:00 💰全票€3、優待票€1.5

弗朗西斯科博物館
Francisco Tavares Proença Júnior Museum
🏠R. Dr. Alfredo Mota 1 ☎272-344-277 🕐10:00~13:00、14:00~18:00 🚫週一 🌐www.cm-castelobranco.pt

花園總共被劃分為24個區塊，並以樹籬和步道相連，5處噴水池暗指耶穌的5個傷口，其中最吸睛的，無疑是無數用花崗岩打造的雕像，沿著台階排列的歷代葡萄牙國王、聖人，以及代表星座、四季、12星座、四大美德等主題的雕像。

如果仔細觀察階梯上的國王雕像群時，會發現有兩尊特別迷你，原來他們是出生在西班牙的統治者菲利浦二世和三世(Filipes)，當時葡萄牙被西班牙入侵，統治了長達60年之久 (1580~1640)，新仇舊恨，被巧妙的安排在花園中。

同場加映：離開科英布拉的周邊小旅行

若時間充裕，還可前往位於花園旁的弗朗西斯科博物館，這裡收藏著珍貴的絲綢刺繡床單(Colchas)。

② 城堡 Castelo of Castelo Branco

雖然布蘭可堡的歷史可追溯至羅馬時期，但這座位於山頂上的城堡，卻是在13世紀初時才建立，當時由國王阿方索二世委託聖殿騎士團在此進行防禦的任務，因此又被稱為聖殿騎士團城堡，歷經西班牙、法國入侵後的破壞，如今只剩部分殘破的城牆。若沿著舊城區的陡坡巷弄往上行，就可以來到城市的至高點，在城牆上遠眺周圍鄉村的美景。

🏛P.164A2 🚶從主教宮殿花園往西南方步行約15分鐘可達 🏠Rua do Mercado 🌐www.cm-castelobranco.pt

黑色星期五原來是這樣來的！

曾為歐洲歷史上最富有強大的聖殿騎士團創立於第一次十字軍東征(1096-1099)後，主要由信奉天主教的法國騎士組成，其最初駐紮在耶路撒冷聖殿山，因而得名。

12世紀初聖殿騎士團在羅馬教廷支持下被授予許多特權，除了在東方和西歐擁有大量地產外，也在西歐從事高利貸和銀錢業，被認為是最早的銀行業，輝煌時期連英國與法國王室的國王御庫也委託其保管，在當時歐洲金融圈叱吒風雲、富甲一方，但也因此招來忌妒及毀滅。

14世紀初對聖殿騎士團欠下巨額債款的法王腓力四世眼紅他們的財富，遂羅織罪名將他們打為異端，脅迫當時的教宗克雷芒五世(Clemens PP. V)下令解散聖殿騎士團，並在1307年10月13日星期五突襲式逮捕法國境內的騎士們，且凍結他們的財產，之後還將騎士處以火刑殺害，當天一連串屠殺整肅行動也成為後世害怕13號黑色星期五的由來。

布蘭可堡周邊知名景點——

蒙桑圖(Monsanto)巨石村

位於葡萄牙最高峰Serra da Estrela(海拔1,933公尺)山區的蒙桑圖，曾在1938年被選為「最具葡萄牙特色的村莊」。

這裡被無數的巨石群環繞，居民就地取材，村落位於半山腰，由於地勢陡峭，交通不便，數十年前仍靠驢子載物，但也讓此地保留了傳統的文化與生活。

來到這裡最好預留半天時間，你可以沿著Castel Street尋找著名的一片石磚屋(Casa de Uma Só telha/the house with only one tile)，顧名思義，整個屋頂由一塊岩石組成；或者隨意沿著陡坡蜿蜒前行，一邊欣賞兩側奇特的石屋，一邊攀登到山頂城堡，夕陽西下時，餘暉會將山腰上的村莊染成一片紅色，美景令人沉醉。

🔎P.166 ❀若要前往偏遠的蒙桑圖，開車自駕是最好的方式，由於山路陡峭，車子最好停在入口處的停車場，再徒步上山。或者，也可在布蘭可堡搭乘長途巴士前往，車程約1~2小時，由於時刻表常有變化，最好事先確認，並有過夜的心理準備。

◎長途巴士班次表

	週一至週五
布蘭可堡—蒙桑圖	15:15
蒙桑圖—布蘭可堡	07:08

Transdev巴士
🌐www.transdev.pt
遊客中心Posto de Turismo – Monsanto
🔎P.166A1 📍Rua Marquês da Graciosa ☎277-314-642 🕐09:30~13:00、14:00~17:30 🌐aldeiashistoricasdeportugal.com/en/aldeia/monsanto

把大石頭當成屋頂、牆壁，居住在石頭洞中，人口不到200人的村落裡，房舍、教堂、商店、豬舍與巨石密不可分，整座村莊就是一整件人類與自然共存的岩石藝術品，令人嘖嘖稱奇。

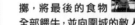

十字架節Festa Das Cruzes/Festa da Divina Santa Cruz

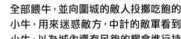

蒙桑圖曾經在抵抗摩爾人的入侵時，被敵方截斷糧道，當所有食物都快被吃光時，坐困愁城的居民決定孤注一擲，將最後的食物全部餵牛，並向圍城的敵人投擲吃飽的小牛，用來迷惑敵方，中計的敵軍看到小牛，以為城內還有足夠的糧食進行持久戰，便放棄圍城，撤軍離開。此後，每年5月3日小鎮居民都會舉辦慶典紀念，居民會敲打阿拉伯手鼓(adufes)與傳統樂器，一路走到山頂上，並由女生從城堡上投擲花束，慶祝當年的勝利，熱鬧非凡。此外，鎮上也會看到居民販賣手工藝品，如具有祈求生育的無臉娃娃(Marafonas)。

聖米格爾禮拜堂
Capela de São Miguel

城堡
Castle of Monsanto

Ruínas da Capela de São João

蒙桑圖

停車場🅿

Pinheiro's manor house and Fountain

Rua do Castelo

Igreja Matriz de São Salvador

遊客服務中心

Portas de Santo António

公共廁所WC🚻

Taverna Lusitana

石窟 Gruta

◎景點　🍴餐廳　✚教堂　🅿停車場
🏰城堡　🚻廁所　ℹ遊客服務中心

航向艾芙拉
的偉大航道

如何前往

火車

　　從里斯本火東方火車站(Gare do Oriente)或Entrecampos火車站出發，搭乘IC(Intercidades)城際快車約需1.5小時，每日約5個班次。購票及火車時刻表可上網或至車站查詢。艾芙拉火車站距離舊城區約1.3公里，往北步行至吉拉爾朵廣場約20分鐘。

葡萄牙國鐵 🌐www.cp.pt

長途巴士

　　從里斯本Sete Rios巴士總站出發，搭乘Rede Expressos營運的長途巴士，車程約1.5~2小時，每小時約1~2個班次。由長途巴士站往東步行至吉拉爾朵廣場約15分鐘。

Rede Expressos
🌐rede-expressos.pt

艾芙拉行前教育懶人包

INFO
基本資訊
人口：約5.3萬人　**面積**：1,307平方公里

市區交通

舊城區面積不大，步行是最好的遊覽方式。如果開車自駕，由於城內多單行道，且付費停車場車位有限，最好將車停在城牆外帶有標誌的停車場。

旅遊諮詢
市立遊客服務中心

📍P.168A2

📌位於吉拉爾朵廣場(Praça do Giraldo)上，由巴士總站往東步行約10分鐘，由火車站往北步行約18分鐘可達

📍Praca de Giraldo 73

☎266-777-071

🕐4~10月09:00~19:00；11~3月平日09:00~18:00，週末10:00~14:00、15:00~18:00

🌐www.cm-evora.pt

1分鐘速玩艾芙拉
吉拉爾朵廣場(Plaça do Giraldo)是舊城區的中心，廣場上8股水流的噴泉象徵向廣場匯集的8條道路，露天咖啡和街頭藝人不時點燃廣場的熱鬧氣氛，人氣十足。不過在這歡樂的背後可是有著沉重的一段歷史呢！包括了1483年時布拉岡薩公爵法南度在此被處死、16世紀時宗教法庭在此公眾燒死異教徒等。十月五日街道(Rua 5 de Outubro)是廣場通往主教堂的可愛小巷，街道兩邊皆是當地的工藝品店，特別是以軟木為材質的各項商品，從餐墊、包包、帽子到鞋子，種類包羅萬象，就是這個地區的特產。

Did YOU KnoW
坐上熱氣球俯瞰古城美景！

這裡除了古色古香的舊城區景點，同時也是葡萄牙少數可搭乘熱氣球的地方，只要事先預約行程就可以登上高空一覽艾芙拉及周邊地區的景致，底下排列整齊的紅磚色房屋、壯觀的水道橋及中古世紀城牆，以及一望無際的葡萄園讓人讚嘆連連！除了有專業導遊帶領升空，落地後還會有開香檳慶祝的儀式，最後頒發給每個人一張熱氣球飛行紀念證書，全程約2~3小時(包含飛行時間1.5小時)，這麼難得的體驗你一定要試試看！

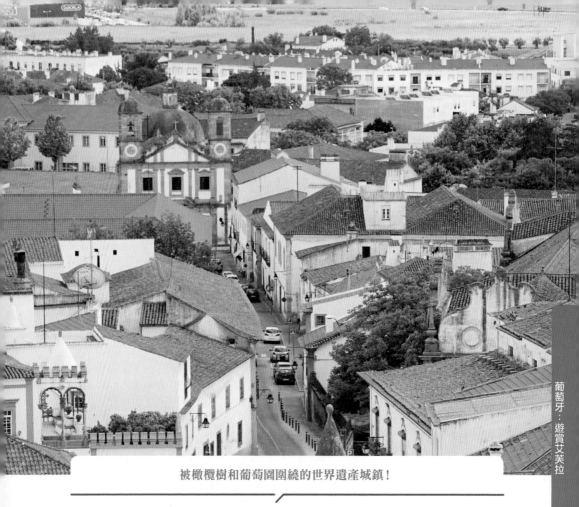

被橄欖樹和葡萄園圍繞的世界遺產城鎮！

艾芙拉
Évora

艾芙拉

世界遺產城市艾芙拉是個被橄欖樹和葡萄園圍繞的可愛小城，同時也是南部阿連特茹地區的首府、宗教中心和農業交易中心。

艾芙拉的歷史可追溯至古羅馬時代，15世紀被選為葡萄牙國王居住地，開啟了它的建設和輝煌，後來數百年在葡萄牙有極重要的文化地位。

舊城區石板巷道蜿蜒，白牆點綴亮黃色彩，17世紀鑄鐵窗台圍繞出優雅氣息，還有電影中常見的羅馬神廟。若是有充裕的時間住上一晚，更能領略艾芙拉的迷人之處。

艾芙拉**最**神聖也最恐怖的地方？！
跟人骨**Say**哈囉挑戰你的膽量！

艾芙拉：聖方濟教堂和人骨禮拜堂

人骨禮拜堂並無令人作嘔的氣味，雖然從天花板到牆壁都是以墓地挖出的骷髏頭，骨頭堆築而成，祭壇前方還有兩具完整的人骨，實際上卻不會有恐怖的感覺。

◎從艾芙拉火車站步行約15分鐘可達

至少預留時間
入內參觀：約40分鐘
同時欣賞藝術展：約1~2小時

ⓘ
🏠Praça 1º de Maio
☎266-704-521
🕐6~9月09:00~18:30、10~5月09:00~17:00
🚫1/1、復活節週日、12/24~25
💲全票€6、優待票€4，12歲以下免費
🌐igrejadesaofrancisco.pt

✝ MAP P.168 A2 **聖方濟教堂和人骨禮拜堂**
Igreja de São Francisco & Capela dos Ossos

　　真正讓艾芙拉聲名遠播的其實是附設於聖方濟教堂內的人骨禮拜堂。禮拜堂入口處的碑文刻上「Nós ossos que aqui estamos, pelos vossos esperamos」，意思是「躺在此地的骨骸，等待你的加入」。這座另類的禮拜堂是由3位聖方濟各教會的修士建造，因為17世紀時艾芙拉市區腹地不夠使用，只好著手清理原有基地，用5,000人的骨骸裝飾禮拜堂，同時達到慰靈的效果。

造訪聖方濟教堂和人骨禮拜堂理由

1 艾芙拉必訪景點

2 以人骨為飾讓人大開眼界

3 藉此思考人生意義

聖方濟教堂完工於1510年，混合了曼努埃爾和哥德式的建築風格，是獻給聖方濟各修士的教堂，原本作為皇家祈禱使用，所以門口還有葡萄牙國王的王徽。

2015年剛完成大規模整修，現在看起來相當新穎，教堂上方則規劃為宗教藝術展覽空間。

怎麼玩聖方濟教堂和人骨禮拜堂才聰明？

走路最好

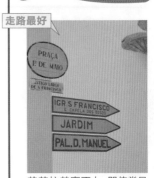

艾芙拉其實不大，即使當日從里斯本專程到聖方濟教堂和人骨禮拜堂參觀，不論從艾芙拉火車站、巴士站，走路皆是**20分鐘內可達**，所以就步行前往吧！而且還可順路領略這個可愛小城的風光。

做好心理準備

相較歐洲其他的人骨教堂，這座人骨禮拜堂裡頭明亮沒有什麼陰森感，而且既然來到艾芙拉，**不進入參觀就等於沒來過**；但對東方人來說，最好還是先做好心理準備；如果有孩童同行，也不妨事先評估或告知參觀內容。

被一堆骷顱頭用這種方式歡迎，再大膽的人都會感覺到的背脊忽然竄升的涼意吧！

Did You Know

人死的日子勝過人生的日子！

來自舊約聖經《傳道書》7.1 章節中的拉丁文句子「Melior est die mortis die nativitatis」就藏在人骨禮拜堂天花板的一角，直譯是人死的日子勝過人生的日子，而原本文章完整句子是「名譽強如美好的膏油；人死的日子勝過人生的日子」，意思是在告誡世人美名勝過大財，死後留下好名聲遠勝於生前擁有大財富，這句話放在這座以人骨裝飾的禮拜堂更顯意味深遠。

不僅因為是葡萄牙最大中世紀教堂，
屋頂絕美風光更加引人入勝！

艾芙拉：主教堂

主教堂建於1186年，費
時60餘年才完工，不但
是葡萄牙最大的中世
紀教堂，冒險家達迦馬
(Vasco da Gama)前往印
度前也曾在此禱告。

造訪主教堂理由

① 葡萄牙最大中世紀教堂

② 列為世界遺產的艾芙拉歷
史中心亦包括主教堂

③ 具有罕見不對稱高塔

④ 屋頂風光優美

 MAP P.168 B2

主教堂
Sé de Évora

　　遠遠地就能看到艾芙拉主教堂的兩座不對稱高塔，由圓錐
狀尖塔組成的屋頂，是葡萄牙相當罕見的形式。

　　主禮拜堂於1718年重建為巴洛克式，彩色大理石的裝飾，與
其他區域的簡樸莊嚴形成對比。此外，聖器藝術博物館(Museu
de Arte Sacra)內收藏許多屬於教會的十字架、金、銀器與聖餐
杯，14世紀的哥德式迴廊則保存有艾芙拉最後4個主教的石棺。

◎從艾芙拉火車站步行約20分鐘可達

至少預留時間
主教堂內部參觀
約30分鐘
再爬上屋頂登高望遠
約1小時

⊙Largo do Marquês de Marialva
☎266-759-330
🕙09:00~17:00 (最晚入場時間16:00)
🚫1/1、12/24~25
💲教堂＋迴廊＋塔樓€4、教堂＋迴廊＋塔樓＋博物館€5，7歲以下免費
🌐www.evoracathedral.com

怎麼玩主教堂才聰明？

城市全景反成重點

這座列為艾芙拉重要古蹟的主教堂不僅具有歷史價值，也剛好位於全城最高點，因此參觀完教堂本身後，強烈建議多留點時間從鐘塔前往屋頂，從這裡俯瞰的**舊城全景非常優美**，這也才是主教堂最吸引人的要素。

一大早就先去

一早人比較少，而且那時爬上屋頂看城鎮方向順光。

艾芙拉：主教堂

內部相較於其他大教堂顯得平淡，值得注意的有中殿的聖母雕像、唱詩班席位的文藝復興風格橡木椅。

哥德──羅馬風格的正立面酷似碉堡，正門上方12個使徒雕像雕工精美。

從鐘塔爬上主教堂屋頂，視線豁然開朗，舊城區鱗次櫛比的紅瓦白牆、城外綿延無盡的綠色原野構成一幅恬靜的鄉村畫。

周邊景點

離開主教堂，周邊還有**不少景點值得一看**，
而且皆可步行可達～

MAP
P.168
B1

艾芙拉美術館
Museu de Évora

如何前往

從主教堂步行約2分鐘可達

info

⌖Largo do Conde de Vila Flor　☎266-730-480　🕐夏季10:00~18:00、冬季09:30~17:30　🚫週一　💲全票€8　🌐culturaportugal.gov.pt

　艾芙拉博物館坐落在一棟16世紀主教宮宮殿內，市政廳美麗的摩爾窗和來自羅馬神廟的壁緣雕刻皆收藏在此，有人說走一趟艾芙拉博物館，就能一覽城市千年歷史，可一點也不為過！

最精采的作品是一幅14世紀中的折板畫作，13幅畫描述聖母的一生(Life of the virgin)。

館藏包含各時期的考古學物品與雕刻，從羅馬式的廊柱到現代的雕刻品，以及葡萄牙自然派與法蘭德斯的繪畫作品。

神殿中央的14根柯林斯式圓柱和地板，皆以伊斯特雷摩斯(Estremoz)出產的大理石與黑色花崗岩所製成，保存良好，歷經2,000多年後仍屹立不搖。

MAP
P.168
B1

羅馬神殿
Templo Romano de Évora

如何前往

從主教堂步行約3分鐘可達

info

⌖**Largo do Conde de Vila Flor**

　大約建於西元1世紀奧古斯都時代的羅馬神殿，是葡萄牙境內保存最完整的羅馬紀念碑建築。

　羅馬神殿的命運可不是那樣平順，5世紀西哥德人入侵伊比利半島時幾乎毀了神殿，中世紀時又被當作刑場，直到19世紀的考古學家恢復神殿的歷史價值。根據考古資料，這裡曾是祭祀黛安娜女神的祭壇，因此又被稱為戴安娜神殿(Temple of Diana)。

艾芙拉：主教堂

艾芙拉大學
Universidade de Évora

如何前往

從主教堂步行約5分鐘可達

info

📍R. do Cardeal Rei 6　📞266-740-800

🕐09:30~17:00　週日、國定假日

💰全票€3、語音導覽€1.5，12歲以下免費

🌐www.uevora.pt

　繼科英布拉大學成立後，1559年，葡萄牙第二所大學在艾芙拉成立。主樓聖靈學院(Colegio Espírito Santo)位於東南側，可由通往迴廊的入口進入。彩繪天花板的大廳與圖書館、華麗的大理石門框裝飾與噴泉皆值得駐足欣賞。教室內外的百年歷史磁磚畫，則不時伴讀著忙碌的莘莘學子。

內部有文藝復興風格的雙層迴廊，迴廊四周還有貼滿手繪磁磚畫的牆面裝飾。

發現的遺蹟中，包括了一座蒸氣浴室(Laconicum)，類似現在的桑拿，中央是一個直徑9公尺的圓形水池，旁邊則有加熱系統。

羅馬浴場遺跡
Termas Romanas

如何前往

從主教堂步行約5分鐘可達

info

📍Praça do Sertório　📞266-777-000

🕐09:00~17:30　週末　💰免費

🌐www.cm-evora.pt

❗遺跡目前暫時關閉，欲前往建議先線上網查詢

　1987年，在一次考古挖掘中，發現了這座建於2~3世紀間的古羅馬浴場，有趣的是，這座保存良好的浴池正位於市政廳的裡面。

　遊客可參觀浴場的供熱房，這裡昔日是燃燒木材之處，藉此將熱空氣帶入蒸氣室中。在1994年時，還發現了另一個長方形的露天游泳池，但目前並未開放參觀。

水道橋
Aqueduto da Àgua da Prata

如何前往

從主教堂步行約12分鐘可達

info

📍Rua do Cano

　舊城牆北面劃開綠地與天空的高架水道拱橋，看似羅馬風格，其實是若昂三世(King João III)於1537年完成的建設，全長18公里，從艾芙拉北邊的Divor引水進入

現在的水道橋雖已失去作用，卻在舊城內形成有趣畫面——居民利用水道橋堅固的花崗岩圓拱支柱，作為房屋樑柱的一部分，也算是一種廢棄建築的再生！

市中心，完工時還在吉拉爾朵廣場蓋了一座獅子造型的大理石噴泉。

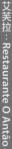

葡萄牙的美食倉庫！
想吃阿連特茹燉豬肉的饕客首選！

王牌景點 ③

◎從艾芙拉火車站步行約20分鐘可達

至少預留時間
簡單吃吃就走：約40分鐘
多點幾道好好品嚐：約1.5~2小時

 ℹ️

⌂R. João de Deus 5(位於吉拉爾朵廣場(Praça do Giraldo)旁的巷子)
☎266-706-459
🕐12:00~15:00、19:00~22:50
🚫週一全天、週二白天
🌐restauranteantao.pt

 MAP P.168 A1 **Restaurante O Antão**

　艾芙拉所在的阿連特茹地區一向有葡萄牙的美食倉庫之稱，依據季節差異，沿海和內陸地區各有不同的豐富農漁物產，除了高品質的橄欖油，集「山珍、海味」於一身的必嚐料理首推阿連特茹燉豬肉(Carne de Porco à Alentejana)。

　舊城內許多餐廳都有供應這道料理，其中，Restaurante O Antão是相當受歡迎的餐廳，即使獲得無數美食獎項的肯定，價格還是相當親民。

造訪Restaurante O Antão理由

1 直搗葡萄牙美食倉庫最精華

2 獲得無數美食獎項肯定

3 價格相當親民

怎麼吃Restaurante
O Antão才聰明？

好吃是有原因

阿連特茹山區飼養的豬號稱
是伊比利半島最好品種，這
是因為豬仔吃橡樹子長大，
在樹林間奔跑，脂肪含量
少，**肉質口感較有彈性且香
氣十足**，所以才成為艾芙拉
必吃美食。

事先訂位和留意營業時間

Restaurante O Antão是當地
評價屬一屬二的「阿連特茹
燉豬肉」餐廳，建議事先**上
網預訂**座位；另外，它僅供應
午餐和晚餐，也請留意營業
時間。

切成小塊的腰內肉搭配新鮮蛤蠣燉
煮，調和橄欖和大蒜香氣的醬汁甜中
帶鹹，扮演兩位主角間的最佳媒介。

在艾芙拉除了步行參觀重要景點，也可以開車或搭巴士前往鄰近有趣村鎮～

聖佩德羅杜柯瓦
São Pedro do Corval

MAP
P.179
B1

葡萄牙最大的陶藝中心——聖佩德羅杜柯瓦，就在由艾芙拉通往蒙薩拉(Monsaraz)的路途上。在這裡製作陶瓷的傳統可以追溯到史前時代，村落很小，但卻擁有超過20多家的陶瓷工坊。

聖佩德羅杜柯瓦距離大城艾芙拉約45公里，位在巴士轉運小鎮Reguemgos de Monsaraz東邊5公里處。在Reguemgos de Monsaraz遊客中心可索取各家陶器工作坊的資訊。

🚗開車自駕是最方便的方式；從艾芙拉搭乘前往Reguemgos de Monsaraz的長途巴士，在Reguemgos de Monsaraz下車，轉乘前往蒙薩拉(Monsaraz)的巴士，中途於São Pedro do Corval站下車，車程約1~1.5小時。

Reguemgos de Monsaraz遊客中心
🏠Rua António José de Almeida, Mercado Municipal, Reguengos de Monsaraz 📞266-508-052 ⏰9:00~12:30、14:00~17:30 ㊡週一
www.cm-reguengos-monsaraz.pt

整條主街Rua da Primavera上不是出售陶瓷的商店，就是製作工坊。

通常工作坊旁就是陶瓷商店，陳列著各種葡萄牙手繪風格的鍋碗瓢盤、磁磚與燭台等等，每家都各有特色。

沿著寧靜的街道隨意遊走，可以看到工作坊內陶器製作的流程，若開口詢問，幸運的話還能入內參觀。

艾芙拉：如果有更多時間

村子不大，一下子就能逛完，遺世獨立的偏遠位置，使其仍保留著中世紀的氣氛，如今由於觀光業發達，村落中也有不錯的餐廳與民宿供遊客待上一晚。

蒙薩拉

| A | B |

蒙薩拉

Sabores de Monsaraz

往◎歐特羅巨石 Menhir de Outeiro ↑
往◎聖佩德羅杜柯瓦 São Pedro do Corval ↑

◎城門口
Town Door

Xarez ⊙ ⊕巴士站

⊕遊客服務中心

Rua Direita

⊕ Museu Do Fresco

⊕主教堂
Igreja de Nossa Senhora da Lagoa

城門口
Alcoba Door Ⓟ停車場

城堡
Castelo

| ◎景點 ⊕餐廳 ⊕教堂 ◎城堡 ⊕博物館 |
| ⊕巴士站 Ⓟ停車場 ⊕遊客服務中心 |

| A | B |

痕跡，8世紀時被摩爾人佔領，直到1167年才被基督徒傑拉多(Geraldo Sem Pavor)奪回，並被移交給聖殿騎士團，擔負起保護邊境的任務。

白色的村落彷彿時光凝止般寧靜安祥，站在城牆上便可俯瞰西班牙邊界瓜地亞納河(Guadiana)與大壩(Alqueva Dam)，山下整片葡萄園、橄欖園圍繞，視野遼闊，風景迷人。

◎開車自駕是最有彈性的方式，由艾芙拉出發，車程約50分鐘，需將車子停在城門入口處的停車場，再徒步進城；或從艾芙拉搭乘Alentejo巴士前往，車程約1.5小時，中途需在Reguemgos de Monsaraz換車。但時刻表常有變動，正確時刻表需於當地再確認，若錯過回程或者週末期間前往，要有住宿當地的心理準備。
Alentejo巴士 ⊕www.rodalentejo.pt
遊客中心Posto de Turismo Monsaraz
⊙Rua Direita, Monsaraz ☎266-508-177 ◑4~9月
09:30~12:30、14:00~17:30；10~3月09:30~13:00、
14:00~17:00 ⊕www.cm-reguengos-monsaraz.pt

有時遊客中心會委託教堂旁的Museu Do Fresco提供資訊

蒙薩拉

MAP
P.179

Monsaraz

人口不到200的小村落蒙薩拉，坐落在葡西邊界海拔332公尺的山頂上，無疑是葡萄牙最漂亮的村莊之一。

由於山頂的戰略位置，這裡也是歷史上重要的軍事據點。早在史前時代，就發現了有人居住的

主要街道Rua Direita上有教堂、遊客中心、博物館，往西南邊走則可登上13世紀殘破的城堡與城牆，清晨與黃昏時刻在此漫步，景色最是醉人。

蒙薩拉的經典景點

城堡
Castelo

蒙薩拉曾在摩爾人與基督徒的爭奪中數度易手，1167年被基督徒傑拉多奪回，之後國王阿方索(Afonso Henriques)在戰爭中失利，蒙薩拉又再度被摩爾人佔領，1232年在聖殿騎士團的支持下，國王桑喬二世(King Sancho II)又重新奪回了城堡和城鎮。13世紀時城堡進行重新修建，並被納入邊界軍事防禦系統的一部分，如今被用作為鬥牛場。

🔍P.179A3 ❷從遊客中心往西南方步行約10分鐘可達
🏠Largo do Castelo

這巨石據説代表了代表了古時候對生育的崇拜，適合考古迷們造訪。

歐特羅史前巨石
Menhir de Outeiro

蒙薩拉是葡萄牙南部最古老的定居點之一，附近有數百個新石器時代的巨石遺跡，包括位於蒙薩拉北部3公里處的歐特羅巨石柱，這座外型如男性生殖器的花崗岩巨石高達5.6公尺，佇立在綠意盎然的平原上。

🔍P.179B1 ❷需開車自駕前往，沿途可能會經過泥濘坑洞的小路。

漫步在片岩鋪成的路面上,傾聽靜謐的街道迴聲,悄悄訴說著過去歷史,享受那份寧靜就是最好的遊覽方式。

葡萄牙七大奇蹟小鎮

2017年葡萄牙廣播電視公司(Rádio e Televisão de Portugal)為了促進葡萄牙村莊的歷史及自然文化遺產的保護與行銷,特地由公眾投票及專業評審選出七大類別的奇蹟小鎮,推廣這些別具特色卻還尚未被國際遊客留意到的地方,其中歷史小鎮該類別就首推蒙薩拉,其他還包括:河濱小鎮——多恩斯(Dornes)、鄉村小鎮——希斯泰洛(Sistelo)、海濱小鎮——亞速爾群島(Fajã dos Cubres)、偏遠小鎮——皮奧道(Piódão)、真實小鎮——羅德里哥堡(Castelo Rodrigo)、保護區小鎮——里奧·迪奧努爾(Rio de Onor)。

美食美景餐廳

村落中有幾家景色絕佳的餐廳與酒館,如果只要小歇一會,離中心較近的Xarez 有座景色開闊的陽台,很適合喝杯飲料。如果想要品嘗阿蓮特茹傳統家庭料理,建議可前往北邊的Sabores de Monsaraz,在這裡可感受到當地人樸質熱情的個性,及美味的家常料理。

內部有鍍金雕刻的主祭壇,以及17~18世紀的藝術裝飾,比如美麗的彩繪圓柱。

Sabores de Monsaraz
◎P.179B1 ◎從遊客中心往北步行約5分鐘可達 ◎Lg. de São Bartolomeu ◎969-217-800 ◎12:30~15:30、19:30~22:30 ◎週一全天、週二白天 ◎saboresdemonsaraz.com/eng
Xarez
◎P.179A2 ◎從遊客中心步行約3分鐘可達 ◎Rua de Santiago 33 ◎266-557-052 ◎平日17:00~00:00,週末11:00~15:00、19:00~23:00 ◎週四

主教堂
Igreja de Nossa Senhora da Lagoa

原本的哥德式教堂建於13世紀中葉,但因後來黑死病肆虐此區,原教堂因此消失。目前所見的教堂重建於16世紀,外觀以文藝復興風格為基礎。
◎P.179A1 ◎從遊客中心步行約5分鐘即達 ◎Largo Dom Nuno Álvares Pereira

同場加映

離開艾芙拉
的周邊小旅行

如果特別喜歡小城鎮的恬適幽靜，艾芙拉四周還有不少有意思的地方可以逛逛，而且搭乘巴士短則半小時，最長也能在2小時內抵達；像是以生產大理石聞名的「伊斯特雷摩斯」、世界遺產小鎮「艾爾瓦斯」，或是如果有多點時間，能在「貝雅」這個小鎮的修道院住上一晚，也有機會體驗出人生慢活的真諦！

辛特拉
Sintra

里斯本
Lisboa

伊斯特雷摩斯
Eztremos

艾爾瓦斯
Elvas

艾芙拉
Evora

蒙薩拉
Monsaraz

貝雅
Beja

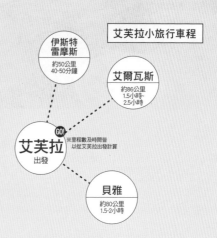

艾芙拉小旅行車程

伊斯特雷摩斯
約50公里
40-50分鐘

艾爾瓦斯
約86公里
1.5小時~
2.5小時

GO!
艾芙拉
出發

※里程數及時間皆以從艾芙拉出發計算

貝雅
約80公里
1.5-2小時

只需半小時就可到達，適合安排一日遊！

當天來回的行程

上城區居高臨下，氣氛莊嚴寧靜，適合住上一晚，沉澱心靈；而下城區則生活氣息濃厚，適合大啖當地美食。

\推薦1/

距離艾芙拉
約49公里

搭乘巴士
約30~40分鐘

Did YOU KnoW

大理石品質No.1

葡萄牙是全球第二大大理石出口國，其中85%的大理石來自伊斯特雷摩斯周圍的區域，這裡大理石品質可與世界排名第一的義大利媲美，有白、奶油、黑、灰或粉紅等各種顏色，在城中隨處可見，就連人行道上所鋪的小碎石都是大理石製成的。如果在下城區漫步時，別忘了低頭瞧瞧這裡的人行道。

◉ MAP P.184 **伊斯特雷摩斯** Estremoz

如何前往

◎**長途巴士**

從艾芙拉出發，搭乘Rede Expressos營運的巴士，車程約30~40分鐘。

亦可從里斯本Lisboa Sete Rios出發，車程約2~2.5小時。若由艾爾瓦斯(Elvas)出發，車程僅需45分鐘。

巴士總站位於下城區的舊火車站正後方，沿著Av. Condessa da Cuba 前行便可抵達市中心的羅西歐廣場(Rossio)。

・巴士總站

🚌 P.184D1

☎ 938-876-333

📍 Avenida Rainha Santa Isabel

・Rede Expressos

🌐 rede-expressos.pt

同場加映：離開艾芙拉的周邊小旅行

只需半小時就可到達，
適合安排一日遊！

◎P.184C2

info

◎遊客中心

Posto de Turismo-Casa de Estremoz

◎P.184C2

◎位於大廣場旁，由巴士總站往西南方步行約8分鐘可達

◎Rossio Marquês de Pombal

☎268-339-227

◎09:30~12:30、14:30~17:30

◎www.cm-estremoz.pt

　　伊斯特雷摩斯不僅以生產大理石聞名，也是個歷史悠久的城鎮，自史前時代就有人居住的痕跡，之後的羅馬人、西哥德人、摩爾人都曾是這裡的居民，直到13世紀葡萄牙國王桑喬二世(King Sancho Ⅱ)奪回了此地，才又重回基督徒的懷抱。城

Did YOU KnoW

這尊陶偶可是來頭不小！

在阿蓮特茹地區時常可在商店或市集見到許多顏色鮮麗、造型極具當地特色的陶製娃娃，這種從伊斯特雷摩斯發源的燒製陶偶技術可追溯到17世紀，製作流程繁複且長達數日，大多數皆以當地的自然景物、居民或信仰作為描繪的主題，人物衣著也帶有阿蓮特茹地區傳統風格，除了是該區很受歡迎的觀光紀念品，更於2017年被聯合國教科文組織列入世界無形文化遺產！

鎮主要由仍保有中世紀城堡的上城區，以及山坡下的下城區組成。

　　位於山頂的城堡是國王唐迪尼斯(Dom Dinis)為了皇后聖伊莎貝爾(Queen Santa Isabel)所修建，如今成了視野極佳的五星級城堡飯店，周圍則有禮拜堂、博物館圍繞著；而下城區隨處可見庶民生活的日常，羅西歐廣場旁圍繞著鋪著大理石的人行道，到處都是糕點店、餐館與咖啡館，人聲鼎沸，許多提供阿蓮特茹美食如黑豬肉、香腸的小餐館，美味得讓人流連忘返。

不論是上城區或下城區，走路即可完勝！市區不大，分為山上的上城區與山下的下城區，步行即可遊覽主要景點。

這裡有座三冠塔樓(Torre das Três Coroas)，其共歷經了國王阿方索四世、佩德羅與費南多三位國王時期才建造完成。塔樓高27公尺，是城中最佳的360度觀景地點，俯瞰阿蓮特茹綠色的平原與此起彼落的小村落，美景如詩如畫。

山頂上這座聖伊莎貝爾王妃城堡飯店(Pousada de Santa Rainha Isabel)，可讓人體驗14世紀的王妃曾住過的宮殿，並由山頂巡視下城區的領地。雖然目前的建築重建於18世紀，但內部仍保存得古色古香，厚重的城牆、挑高的空間、古董家具陳設，以及現代化的設備，還能眺望白色平房與田園的景色。

① 城堡Castelo de Estremoz

安靜的上城區由13世紀的城堡建築所主宰，這座融合了各個時期的建築，最初是國王阿方索三世為了區域防禦所建造，後來國王唐迪尼斯(Dom Dinis)為了迎娶西班牙阿拉貢的伊莎貝爾王妃，又再度增建了皇宮。城堡曾一度被用做為軍火庫，在1698年的一次爆炸事故中，炸毀了所有建築物，只有主塔樓、三冠塔樓得以倖存。18世紀後，城堡又經重建整修，如今成為了葡萄牙連鎖酒店旗下的聖伊莎貝爾王妃酒店。

僅在飯店留宿的旅客可免費參觀塔樓，餐廳與咖啡廳對外開放，在此用餐亦可體驗城堡周遭環境。

P.184A2 從遊客中心往西沿著Rua da Frandina前行，經過舊拱門(Arco da Frandina)後上坡步行，約12分鐘可達
Largo Dom Dinis
268-332-075
www.pousadas.pt

1336年，國王唐迪尼斯去世後11年，身為皇太后的伊莎貝爾為了阻止皇族間一觸即發的戰事，由科英布拉趕到了伊斯特雷摩斯作為和平調停人，她雖成功地化解了危機，但也因旅途勞累，不久後便在城堡裡去世，由於她生前退隱於修道院內，過著賙濟窮人與弱勢的生活，因此很受人民的敬重，坊間流傳著很多關於她的傳說，城堡前的觀景台前，就設立了一座這位王妃的雕像。

② 下城區Lower Town

下城區的主要廣場羅西奧四周圍繞著照來人往的咖啡廳、小餐館，這裡雖然沒有驚人的觀光景點，但小城鎮活力十足的生活氣味就已非常的迷人。走在大理石碎石路上，探訪幾家鎮上最受歡迎的小餐館，在Aiecrim享用每日特餐，或在Venda Azul品嘗聞名的黑豬肉與紅酒，亦或在糕點店Pastelaria Formosa小憩，都足以讓人回味無窮。

P.184 從巴士總站沿著Av. Condessa da Cuba步行約6分鐘，便可抵達市中心的羅西歐廣場Rossio Marquêsde Pombal

每周六上午的傳統市集更是達到熱鬧的高峰，除了由各地前來擺攤的農家販賣著自家生產的蔬果、橄欖油、香腸、起士等新鮮食材，還有古董、陶瓷與二手市集。

Venda Azul P.184D2 由遊客中心步行約2分鐘可達 Largo de São José 26 961-941-394 12:00~15:00、19:00~22:00 休週日、週一 須提前訂位
Aiecrim P.184C1 就在羅西歐廣場旁 Rossio Marquês de Pombal 31 e 32 268-324-189 09:00~23:00 休週三
Pastelaria Formosa P.184C2 就在羅西歐廣場旁 Rossio Marquês de Pombal 94 268-339-322 07:30~19:30

去一趟車程約1.5小時，一日遊剛剛好！

\推薦2/
距離艾芙拉
約91公里
搭乘巴士
約75~105分鐘

MAP P.182

艾爾瓦斯
Elvas

如何前往

◎長途巴士

從艾芙拉出發，搭乘Rede Expressos營運的巴士，車程約1小時15~35分。

亦可從里斯本Lisboa Sete Rios出發，車程約2小時40分至3小時15分。若由伊斯特雷摩斯(Estremoz)出發，車程僅需45分鐘。

艾爾瓦斯並有往返西班牙邊境城市Badajoz的區域巴士，車程約30分鐘，班次不多且週末停開，時刻表常有變動，出發前需洽詢當地旅遊局確認。

· **Rede Expressos**

🌐rede-expressos.pt

· **Alentejo區域巴士**

🌐www.rodalentejo.pt

前往市中心要備點兒體力！
巴士總站位於南邊的城牆外，前往市中心是條距離約800公尺的上坡路，若攜帶大型行李，可搭乘計程車較為輕鬆，收費約€6。

艾爾瓦斯

A ↑往格拉薩堡壘 Forte da Graça/Conde de Lippe Fort
城堡Castelo De Elvas B

1　　　　　　　　　　　　　　1

◎頸手枷Pelourinho
多明尼克教堂✝ ✝聖母升天教堂
Iglesia de las Dominicas　Igreja de Nossa Senhora da Assunção
🅑共和國廣場Praça da República
ℹ遊客服務中心

2　　　　　　　　　　　　　　2

◎景點 🅑廣場 城堡
✝教堂 ℹ遊客服務中心
←往阿莫雷拉水道橋
Aqueduto da Amoreira
🅿Portas de Olivença
↓往聖露西亞堡壘Forte de Santa Luzia
巴士總站

A　　　　　　　　　　　　　　B

市區遊覽步行最好
景點多位於市中心共和國廣場(Praça da República)北方，步行是遊覽的最好方式。

◎開車自駕

市中心較多單行道，西北邊與南邊的城牆附近則多處停車場，可將車停在城門Portas de Olivença附近。

◎遊客中心Tourist Office

📍P.186B1

🏠Praça da República

☎268-622-236

🕐10:00~13:00、14:00~18:00

🌐www.cm-elvas.pt

　　邊境要塞艾爾瓦斯距離西班牙僅15公里，這裡有歐洲保存最好、世界最大的陸地堡壘防禦工程，並在2012年被列入世界文化遺產。

　　17世紀的城牆將整個城鎮圍繞著，舊城區裡殘存的城牆、阿拉伯式建築、街道的名稱，時時喚醒著人們摩爾人曾佔領這裡長達500年的時光。

　　1230年，基督徒重新奪回了城鎮控制權，雖然在之後的600年間，它不斷在葡萄牙與西班牙之間的攻防戰役下擺盪，但堅固的防禦工事很少有被攻破的時候；最有名的幾場戰役，包括了1659年，葡軍以千人抵擋了西班牙萬人軍隊的攻擊；19世紀初，拿破崙入侵西班牙的半島戰爭，這裡的防禦工事成功守護了此地，並成為英國威靈頓公爵進攻西班牙巴達霍斯(Badajoz)的大本營。

同場加映：離開艾芙拉的周邊小旅行

共和國廣場(Praça da República)是艾爾瓦斯的市中心，周圍圍繞著遊客中心、教堂與咖啡廳，若由此出發，往北可進入舊城區，遊覽教堂、城堡老街等景點。

廣場上的頸手枷
Pelourinho/Pillory

頸手枷(或稱恥辱柱)是古時候用來懲罰罪犯，公開羞辱的方式，犯人被吊在公共場所的柱子上，被迫展示他的罪刑，任憑民眾唾棄。艾爾瓦斯的這座曼努埃爾式的頸手枷，歷史可追溯於16~19世紀，在里斯本與各個小鎮上也可見到這類立柱，目前都已成為歷史紀念碑。
- P.186A1 Largo de Santa Clara

Highlights：在艾爾瓦斯，你可以去～

1 阿莫雷拉水道橋
Aqueduto da Amoreira
伊比利半島上最長的水道橋，由里斯本貝倫塔(Torre de Belém)的建築師弗朗西斯科(Francisco de Arruda)參與修建，共花了100多年才完工(1498~1622)，主要的原理是利用高地落差加上虹吸現象，將遠處的乾淨山泉水引進城內，從羅馬時代便開始使用這項建築技術。
- P.186A2 從共和國廣場往西南方步行約15分鐘可達 Aqueduto da Amoreira

這座壯觀的建築長約7公里，高31公尺，共有843座拱門，能將城鎮7公里外的水源引進城內廣場上的噴泉(Fonte da Vila)，至今仍保存良好，仍在使用。

Did YOU KnoW

市徽其實是段淒美愛情故事？

在水道橋的牆上高掛著艾爾瓦斯的騎士市徽，但其背後竟是一段悲劇愛情故事。
相傳在14世紀西葡交戰時，該市市長的女兒與一名騎士相戀，但市長看不起非貴族出身的騎士，故決心拆散這對戀人，他對騎士開出了一個難如登天的條件：「若能從附近的西班牙城市巴達霍斯(Badajoz)取回一面在上次戰役中被西班牙人搶走的葡萄牙旗，我就將女兒嫁給你！」。
但當這名騎士奇蹟似的完成任務回到艾爾瓦斯時，卻發現西班牙軍隊跟在他後面追了上來，而害怕被攻城的市長下令城門緊閉讓他也不得其門而入，在最後騎士即將被敵軍抓走時，他用力將國旗往城牆上一掛，代表自己完成任務，大聲喊道：「我雖死但名譽永存！」，隨後就被西班牙軍隊俘虜並丟入滾燙的油鍋殺害。
自此西班牙人在巴達霍斯市的聖體聖血節遊行時會高舉鍋爐示威，而葡萄牙人則是將騎士以市徽的方式紀念，此一市徽同時也代表了往後無數從西班牙人手中奪回國旗的英勇葡萄牙騎士們！

Highlights：在艾爾瓦斯，你可以去～

同場加映：離開艾芙拉的周邊小旅行

② 多明尼克教堂 Iglesia de las Dominicas

緊鄰大教堂，美術館位於一座16世紀的主教宮殿建築中，裡面展示著葡萄牙文藝復興時期著名畫家格勞瓦斯科(Grão Vasco)的繪畫作品，包括基督受難等祭壇畫，以及掛毯、雕塑、陶器等珍貴的藝術收藏。

🚇P.186A1 🚶從共和國廣場往北步行約3分鐘可達 🏠Largo de Santa Clara 3C ☎268-639-740 🕐4-9月10:00~13:00、15:00~18:00，10~3月09:30~12:30、14:00~17:00 🌐cm-elvas.pt

教堂內可以看到17世紀鋪設的彩色瓷磚、各種顏色的大理石與圓柱，一抬頭就可看到爬滿藤蔓花紋的天花板，以及金碧輝煌的管風琴。

③ 聖母升天教堂 Igreja de Nossa Senhora da Assunção

1882年前，聖母升天教堂一直是埃爾瓦斯的主教堂。建於16世紀初，外觀以塔為立面，內部融合了曼努埃爾、新古典主義、巴洛克等各種風格的裝飾。

🚇P.186A1 🚶就在共和國廣場上 🏠Praça da República ☎266-769-800 🕐6~9月10:00~12:00、15:00~18:00，10~5月10:00~12:30、14:30~17:00 ㊡週一、週二 🌐cm-elvas.pt

堅固的星形要塞

在艾爾瓦斯附近有世界最大的陸地防禦工事，範圍包含了城鎮周邊10公里距離類的小型堡壘，堅固的防禦連線見證了19世紀前獨特的軍事戰略。

最大的兩座分位坐落在南北兩側，往北3公里處有18世紀修建的的格拉薩堡壘(Forte da Graça)，往南1.5公里處則有17世紀的聖露西亞堡壘(Forte de Santa Luzia)，其他還有3處19世紀的小型堡壘散落在周邊。其中以北邊的格拉薩堡壘最值得造訪。

格拉薩堡壘 Forte da Graça/Conde de Lippe Fort

🚇P.186A1 🚗交通不便，只能開車前往。開車沿著N246約2公里處可達 🏠Forte de Nossa Senhora da Graça 🕐5~9月10:00~18:00、10~4月10:00~17:00 ㊡週一 💰€5 🌐cm-elvas.pt/descobrir/forte-da-graca

內部有罕見的八角形圓頂，並由八根繪有彩色藤蔓花紋的大理石圓柱支撐著，牆壁上還鋪有17世紀的瓷磚畫，兩旁是鍍金雕刻的小禮拜堂。

一日遊或兩日遊行程

距離不遠，一日遊亦可多留一晚
體驗修道院住宿～

\ 推薦3 /
距離艾芙拉
約83公里
搭乘巴士
約75分鐘

MAP
P.182

貝雅
Beja

如何前往

◎火車

由里斯本Sete Rois火車站出發，搭乘IC列車前往，車程約需2~2.5小時，中途需在Casa Branca站轉車，每日約有6班車次。

・葡萄牙國鐵

⊕www.cp.pt

◎長途巴士

從艾芙拉出發，搭乘Rede Expressos營運的巴士，車程約1小時15分。

亦可從里斯本Lisboa Sete Rios出發，車程約2小時15分至3小時。

車站位於南邊，距離市中心約800公尺。

・Rede Expressos

⊕rede-expressos.pt

市區不大，徒步便可走遍大部分的景點。

◎開車自駕

若開車前往，可將車子停在城牆外，再徒步進城，或者可將車子停在聖母升天教堂旁，附有明顯停車標誌的付費停車場(Largo dos Duques de Beja)。

info

◎遊客中心

❷P.189A1　●由火車站往西步行約15分鐘可達，遊客中心位於城堡附近

◐Largo Dr. Lima Faleiro　☎284-311-913

◔09:30~12:30、14:00~18:00

⊕www.cm-beja.pt

　樸素古雅的小鎮貝雅位於艾芙拉南方75公里處，周圍被平原與麥田所圍繞，是葡萄酒、橄欖、軟木的生產地。但讓貝雅聲名大噪的，卻是來自於17世紀5封熾烈熱情的情書。一位在貝雅出生的修女，愛上了駐紮的法國軍官，無奈的結局讓她只留下了五封抒情淒美的情書。雖然真實性無從查證，但這段愛情故事成了《葡萄牙修女的情書》靈感來源，也意外成了小鎮的導覽書。

貝雅

城堡
Castelo de Beja
●遊客服務中心

往➡火車站→

聖母教堂
Igreja de Nossa
Senhora dos Prazeres
⊕共和國廣場 Praça da República

頸手枷
Pelourinho
聖母升天修道院&
貝雅地區博物館
Igreja de Nossa Senhora da Conceição
& Museu Regional de Beja

●景點	■廣場
⊕教堂	■城堡
■巴士站	■火車站
❶遊客服務中心

●↓往❶Pousada Convento Beja
❶Maltesinhas

A ↓往■巴士總站

189

距離不遠，一日遊亦可多留一晚
體驗修道院住宿～

Did YOU KnoW

歡迎到修道院住一晚！

貝雅舊城區內有鵝卵石鋪設的狹窄街道，從北邊的城堡向東南延伸，一直到13世紀的聖弗朗西斯科修道院(Convento de Sao Francisco)。

如果有機會在修道院待上一晚，將是十分獨特的葡萄牙體驗。而修道院附近的茶室Maltesinhas以製作傳統修道院糕點而聞名，亦十分值得停留。

Pousada Convento Beja
◎P.189B2　◎從遊客中心步行約15分鐘可達
◎R. Dom Nuno Alvares Pereira　☎284-313-580
◎www.pousadas.pt/en/hotel/pousada-beja

Maltesinhas
◎P.189B2　◎從修道院飯店往西步行約3分鐘可達
◎Terreiro dos Valentes 7　☎284-321-500
◎08:00~19:00(週六至15:00)　◎週日

幾個世紀以來修道院經歷了多次翻修，融合了不同的建築風格，如今則是清幽典雅的修道院飯店，內部有拱型屋頂的餐廳、哥德式的禮拜堂、祥和的氛圍與寬敞的空間。

1 城堡
Castelo de Beja
高聳的城堡主樓(Torre de Menagem)是貝雅最顯著的地標，13世紀末由葡萄牙國王唐迪尼斯在原先的羅馬遺址上重建了城堡。14世紀初增建了主樓，高達36公尺，共有3層樓183階，全由大理石打造。此外，遊客中心也位於此處，每週六會有傳統市集。

◎P.189A1　◎由火車站往西步行約15分鐘可達　◎R. Dom Dinis 3　☎284-311-913　◎09:30~12:30、14:00~18:00　◎www.cm-beja.pt

城堡在保衛葡萄牙領土的戰役中曾發揮重要的作用。塔頂視野廣闊。

2 聖母教堂
Igreja de Nossa Senhora dos Prazeres
17世紀的巴洛克式教堂有著簡單的白色外觀，但教堂內部極度華麗精美，小小的空間被牆壁上的瓷磚畫、鍍金木雕、祭壇畫，還有整片天花板上的彩繪所包圍，裝飾得令人目不暇給。

◎P.189A2　◎從遊客中心往南步行約4分鐘可達　◎R. Abel Viana 7　☎284-320-918　◎10:00~12:30、14:30~18:00(週日至17:00)　◎週一、週二　◎免費　◎diocese-beja.pt

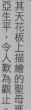

尤其天花板上描繪的聖母瑪麗亞生平，令人歎為觀止。

葡萄牙最古老的博物館在此！
聖母升天修道院從1791年改為博物館，最早稱為Museu Sisenando-Cenáculo-Pacense，後又改稱貝雅考古博物館Museu Archeologico Municipal de Beja，現在則定名為貝雅地區博物館Museu Regional de Beja，悠久的歷史讓他成為葡萄牙最古老的博物館，1922年更被列為國家紀念建築！

修道院外觀融合了哥德式與曼努埃爾風格，內部則充滿鍍金的木雕與洛可可風格的華麗裝飾。這裡也是貝雅地區博物館所在地，有許多繪畫與考古珍藏品。

(3) 聖母升天修道院&貝雅地區博物館
Igreja de Nossa Senhora da Conceição and Museu Regional de Beja

坐落在舊城區的中心，1459年建造的古老修道院因為一個愛情故事而聲名大噪。一位愛上法國軍官的修女，為不可能的愛情寫下一系列情書。1669年，法文版的《葡萄牙修女的情書》出版並翻譯成各種語言，據說男女主角分別是修道院裡的修女瑪麗安娜(Mariana Alcoforado)，以及當時駐紮此地的法國伯爵夏密伊(Count Chamilly)，雖然故事的真實性不得而知，但遙望修道院保留的瑪麗安娜之窗(Mariana's window)不禁讓人增添淡淡的傷感。

◎P.189B2 ⊕從遊客中心往東南方步行約7分鐘可達 ⊕Largo da Conceicao 3 ◐10:00~12:30、14:00~17:30 休週一 ⑤€2 ⊕www.museuregionaldebeja.pt ❶博物館暫時關閉，開放時間請上網查詢

Did YOU KnoW
出生於貝雅的葡萄牙皇后！

貝雅地區博物館又稱為Museu Rainha D. Leonor，用以紀念這位出生於貝雅的葡萄牙皇后。本名埃利諾的皇后是維塞烏公爵的女兒，所以世人也稱她為維塞烏的埃莉諾(Eleanor of Viseu)，12歲時嫁給了被後世稱為完美君主的表弟若昂二世(João II)成為皇后，因為若昂二世執政期間大力振興葡萄牙經濟，並將大航海時代列為優先政策重啟探索非洲及東方世界，使得當時的里斯本成為歐洲富裕之都。
而身為皇后的埃利諾當然也成為歐洲最富有的女性之一，但崇信上帝的她把大部分的錢都用於慈善事業，她於1498年創立了慈善基金會Santa Casa da Misericórdia以照顧窮人、病人和被遺棄的兒童，同時被認為是當代歐洲最好醫院的里斯本諸聖皇家醫院(Hospital Real de Todos-os-Santos)，也是在她的大力支持下成立，後來她還創建了有著宏偉建築的聖母修道院(Convento da Madre de Deus)，種種作為都讓埃利諾成為葡萄牙皇后中最負盛名的一位，貝雅地區博物館旁就立有一座銅像，用以紀念這位有著慈悲心腸的皇后！

葡萄牙：
里斯本
波爾圖 辛特拉
科英布拉
艾芙拉

40 City Target

作者　墨刻編輯部
攝影　墨刻編輯部
特約主編　李美蒨
美術設計　李英娟・呂昀禾（特約）
地圖繪製　墨刻編輯部・Nina（特約）

出版公司
墨刻出版股份有限公司
地址：台北市115南港區昆陽街16號7樓
電話：886-2-2500-7008／傳真：886-2-2500-7796
E-mail：mook_service@hmg.com.tw

發行公司
英屬蓋曼群島商家庭傳媒股份有限公司城邦分公司
城邦讀書花園：www.cite.com.tw
劃撥：1986813／戶名：書虫股份有限公司
香港發行　城邦（香港）出版集團有限公司
地址：香港九龍土瓜灣土瓜灣道86號順聯工業大廈6樓A室
電話：852-2508-6231／傳真：852-2578-9337
城邦（馬新）出版集團 Cite (M) Sdn Bhd
地址：41, Jalan Radin Anum, Bandar Baru Sri Petaling,
57000 Kuala Lumpur, Malaysia.
電話：(603)90563833／傳真：(603)90576622
E-mail：service@cite.my
製版・印刷漾格科技股份有限公司
城邦書號KV4040　初版2024年10月
定價380元
ISBN978-626-398-070-9・9786263980693（EPUB）
MOOK官網www.mook.com.tw
Facebook粉絲團
MOOK墨刻出版 www.facebook.com/travelmook
版權所有・翻印必究

執行長何飛鵬
PCH集團生活旅遊事業總經理暨墨刻出版社長李淑霞

總編輯汪雨菁
副總編輯呂宛霖
採訪編輯趙思語・李冠瑩・蔡嘉榛
叢書編輯唐德容・林昱霖
資深美術設計主任羅婕云
資深美術設計李英娟
影音企劃執行邱茗晨

資深業務經理詹顏嘉
業務經理劉玫玟
業務專員程麒
行銷企畫經理呂妙君
行銷企畫專員許立心
業務行政專員呂瑜珊

印務部經理王竟為

葡萄牙：里斯本.波爾圖.辛特拉.科英布
拉.艾芙拉/李美蒨,墨刻編輯部作. -- 初
版. -- 臺北市：墨刻出版股份有限公司
出版：英屬蓋曼群島商家庭傳媒股份
有限公司城邦分公司發行, 2024.10
192面；16.8×23公分. -- (City target；
40)
ISBN 978-626-398-070-9(平裝)

1.CST: 旅遊 2.CST: 葡萄牙

746.29　　　　　　　113013509

U0140218